Vorsorgen statt draufzahlen

ECON Praxis

Das Buch

Scheiden und trennen tut weh – erst recht, wenn Frauen als Konsequenz gravierende finanzielle Nachteile erfahren. Deshalb sollte man sich in guten Zeiten um das wichtige Thema »Finanzen« kümmern. Wem gehören Verträge? Welche Folgen hätte eine Scheidung für Lebensversicherung, Altersvorsorge, Krankenversicherung usw.?
Svea Kuschel zeigt in diesem Buch, worauf man achten sollte und wie man einen Versicherungs-Check durchführt. Viele Beispiele aus der täglichen Praxis machen dieses für jede Frau wichtige und komplexe Thema leicht verständlich.

Die Autorin

Svea Kuschel ist Versicherungs- und Finanzdienstleisterin für Frauen, die vor über 10 Jahren die erste Versicherungsagentur von Frauen für Frauen in Deutschland gründete. Sie schreibt regelmäßig Artikel zum Thema »Frau und Finanzen«, veranstaltet Seminare und Tagungen und berät neben ihren Klientinnen auch Verbände, Institutionen und andere Experten.
Im ECON Verlag ist von ihr außerdem erschienen: »Frauen leben länger – aber wovon? Was Frauen über Versicherungen wissen sollten« (ECON TB 21334) und »Finanzberatung für Frauen« (ECON TB 21265)

Svea Kuschel

Vorsorgen statt draufzahlen

So sind Frauen bei Trennung und
Scheidung richtig versichert

ECON Taschenbuch Verlag

Veröffentlicht im ECON Taschenbuch Verlag
Originalausgabe
© 1996 by ECON Verlag GmbH, Düsseldorf
Umschlaggestaltung: Roberto Meraner, Düsseldorf
Titelabbildung: Photo Shot, Bavaria Bildagentur Düsseldorf
Die Ratschläge in diesem Buch sind von der Autorin und dem Ver-
lag sorgfältig erwogen und geprüft worden; dennoch kann eine Ga-
rantie nicht übernommen werden. Eine Haftung der Autorin bzw.
des Verlags und seiner Beauftragten für Personen-, Sach- und Ver-
mögensschäden ist ausgeschlossen.
Gesetzt aus der Times
Satz: Formsatz GmbH, Diepholz
Druck und Bindearbeiten: Ebner Ulm
Printed in Germany
ISBN 3-612-21321-0

Inhalt

Ein paar Worte vorweg

Das Thema Trennung und Scheidung hat in den letzten Jahren an Bedeutung gewonnen. Kein Wunder, denn mittlerweile wird in Deutschland jede dritte Ehe geschieden – in der Großstadt sogar jede zweite. Die aktuelle Statistik spricht von 160 000 Ehescheidungen pro Jahr und zwar mit steigender Tendenz. In dieser Zahl sind allerdings die nichtehelichen Lebensgemeinschaften, die wieder auseinandergehen, noch nicht enthalten, da hier kein verläßliches Zahlenmaterial zur Verfügung steht.

Es gibt heute etliche Ratgeber zum Thema »Trennung und Scheidung«, auch sehr informative und gut lesbare Bücher, die sich vorrangig an Frauen richten. Aber warum hauptsächlich an Frauen, obwohl zu einer Trennung und Scheidung immer zwei gehören? Der Grund ist einfach: Für eine Vielzahl von Männern ändert sich das Leben nach Trennung und Scheidung gar nicht. Sie gehen weiterhin ihrem Beruf nach, haben ihr festes Einkommen, kurz: ihr Leben läuft weiter wie bisher.

Frauen müssen, wenn sie in der Ehe den Part »Familienarbeit« übernommen haben, in der Regel ihr gesamtes Lebenskonzept umschreiben. Für diese Frauen kommt hinzu, daß sie sich auch um Dinge kümmern

müssen, um die sich der Mann während des Zusammenlebens meist allein gekümmert hat: die Vorsorge
und Absicherung.

Das soll nicht heißen, daß Männer von den Scheidungsfolgen nicht betroffen sind. Sicher sind sie das –
ganz besonders, wenn es um den Bereich der Gefühle
geht, denn auch für sie gilt: »Scheiden tut weh«. So wird
in vielen Ratgebern auch dieser emotionale Bereich in
den Vordergrund gestellt. Ich habe jedoch keinen Ratgeber gefunden, der das Thema »Wie bin ich nach einer
Scheidung abgesichert?« ausführlich und verständlich
behandelt. Wenn es um Geld und Versicherungen geht
– den Teil, der die finanzielle Absicherung betrifft –,
steht die Frau in den meisten Fällen schlechter da als der
Mann.

Wie heißt es schon bei Euripides in der Medeia: »Die
Scheidung bringt den Frauen Schmach!« Das stimmt
zum größten Teil heute noch.

Allein schon die Tatsache, daß die meisten Verträge
nach wie vor vom Mann abgeschlossen werden, auf seinen Namen laufen und er sich immer ums »große Geld«
allein gekümmert hat, zeigt, wie die Rollen verteilt sind:
Der Mann steht im Mittelpunkt des Finanzgeschehens.
Das ist die Regel, von der es zum Glück immer mehr
Ausnahmen gibt. Dazu gehören die Frauen, die sich
während der Ehe um ihre finanziellen Dinge selbst kümmern. Sie werden bei einer Trennung oder Scheidung
auch ohne diesen Ratgeber die Versicherungssituation
lösen können. Dieser Ratgeber aber ist für Frauen ge-
schrieben, die bisher das Thema »Geld und Versicherungen« ihrem Ehemann oder Partner ganz oder zum
Teil überlassen haben.

Das Thema »Versicherungen« ist nur ein kleiner Teil

dessen, was im Zusammenhang mit einer Trennung oder Scheidung zu bewältigen ist. Wenn er aber nicht im Vorfeld gut geregelt wird, kann das gravierende finanzielle Nachteile für die getrennt lebende oder geschiedene Frau haben.

Dieses Buch richtet sich allerdings keineswegs nur an die Frau, bei der eine Trennung oder Scheidung unmittelbar bevorsteht, sondern an alle Frauen, die sich in einer Ehe darauf einlassen, vom Mann finanziell abhängig zu sein. Es richtet sich auch an Mütter, deren Töchter diesen Weg gehen wollen oder ihn bereits gegangen sind.

Häufig kommen junge Frauen in meine Finanzberatung, weil sie sehen, wie ungünstig sich die finanzielle Situation ihrer Mutter darstellt. Sie wollen es anders machen und rechtzeitig vorbeugen. Sie nehmen Tips für ihre Mutter, Schwester, Freundin und Arbeitskollegin aus der Beratung mit nach Hause. Es könnten in Zukunft auch die Tips aus diesem Buch sein.

Mir kann mit Sicherheit der Vorwurf gemacht werden, daß ich das Thema »Trennung und Scheidung« aus einer sehr frauenspezifischen Sicht beschreibe. Es stimmt, »der arme Mann, dessen Frau mit ihrem Liebhaber auf und davon ist und ihn mit den Kindern und Schulden zurückließ«, wird hier nicht beraten. Und auch »die armen Männer, die nach der Scheidung nur noch für den Unterhalt von Frau und Kindern schuften müssen«, werden in diesem Buch nicht mit Mitleid bedacht.

Mir geht es wirklich nur um die Frauen, die im Falle einer Scheidung mit der Erkenntnis dastehen, daß alles, was einmal war, jetzt keine Gültigkeit mehr hat: »Der selbe Mann, der sich vehement gegen die Berufstätigkeit der Frau während der Ehe gewehrt hat, weil es auf

Kosten seiner Bequemlichkeit gegangen wäre, ist jetzt der Meinung, daß die Frau keinen Unterhalt braucht. Schließlich ist sie ja noch jung – eben mal 48 Jahre alt, die Kinder sind aus dem Gröbsten raus, also kann sie doch, wie andere Frauen auch, wieder berufstätig sein. Dabei spielt es für ihn keine Rolle, daß sie seit 15 Jahren aus dem Beruf heraus ist und es ihr wahrscheinlich gar nicht gelingen wird, den Neueinstieg zu schaffen. Sie gilt bereits nach fünfjähriger Pause als ungelernte Kraft – auch wenn sie vor ihrer Tätigkeit als Hausfrau und Mutter einen qualifizierten Beruf ausgeübt hat. Er findet es ganz passend, daß sie erst einmal im Supermarkt an der Kasse beginnt, während er seinen Abteilungsleiterjob noch weiter ausbaut.

Auch viele Anwälte sehen das so. So bestätigen mir viele Frauen, die sich in der Scheidungsphase befinden, ihr Anwalt konnte nicht nachvollziehen, wieso sie am Status, den ihre Männer erreicht haben, auch weiterhin beteiligt sein wollen. Es klingt oft durch, daß der Anwalt der Meinung ist, daß ja schließlich der Mann sich diese Position schwer erarbeitet hat, während sie zu Hause war. Diese Sichtweise ist typisch männlich. Frauen, die zu guten Scheidungsanwältinnen gehen, erleben das seltener. Es gibt da tatsächlich eine Solidarität unter Frauen.

Über Geld spricht man(n) nicht

Es gibt eine Zeit, in der es sehr schwierig ist, zum ersten Mal über Geld zu sprechen, nämlich die Zeit der Trennung und Scheidung. Es geht nicht mehr um die gemeinsame glückliche Zukunft, sondern darum, möglichst selbst »preisgünstig« dabei wegzukommen. Das hört sich brutal an, zumal Frauen in dieser Phase besonders oft an die Worte während der guten Zeit in der Ehe denken müssen, die ganz anders geklungen haben. Beispielsweise so: »Mach dir keine Sorgen, wenn mir etwas passiert, bist du bestens abgesichert« oder »Du brauchst keine eigene Absicherung, du bist durch mich sehr gut versorgt.«

Aus Erfahrung weiß ich, daß sich über Geld am besten reden läßt, wenn die Flamme der Zuneigung noch brennt. Da das Rad hinterher nicht mehr zurückzudrehen ist und Sie sich vielleicht schon in der Phase befinden, wo Geld ein absolutes Reizthema ist, bleibt Ihnen nur eins: rechtzeitig und umfassend informiert zu sein, um verhandeln oder um Ihrer Anwältin Informationen liefern zu können.

Auch Frauen, für die dieses Thema im Moment noch gar nicht von Belang ist, können aus diesem Buch Ratschläge entnehmen, womit sie verhindern, daß sie selber oder ihre Freundinnen beziehungsweise Schwestern

überhaupt jemals in die Situation der finanziell völlig
abhängigen und nicht informierten Ehefrau geraten.
Dieses Buch soll also nicht nur Frauen, die sich bereits
in einer schwierigen Situation befinden, motivieren, mit
Ihrem Mann über finanzielle Angelegenheiten zu sprechen. Das Thema »finanzielle Sicherheit« darf darum in
keiner Beziehung ein Tabuthema sein. Dieser wichtige
Bereich zählt zu den Dingen des Alltags, über die ganz
offen nachgedacht und diskutiert werden muß.

Vertrauen ist gut,
Kontrolle ist besser

Wenn Sie zu den Frauen gehören, die genau wissen, wie
es auf den gemeinsamen Konten aussieht, welche Papiere (Aktien, Anleihen) sich im Bankdepot befinden
und welche Versicherungspolicen abgeschlossen wurden, werden Sie es bei einer Trennung oder Scheidung
nicht so schwer haben, als wenn Sie das alles immer dem
Ehemann überließen. Stets auf dem neuesten Stand zu
sein, wenn es um die finanzielle Situation in einer Ehe
geht, ist mit Arbeit verbunden, und viele Ehefrauen finden es bequemer, diese nicht selbst zu leisten. Manchmal werden ihre Bemühungen um Durchblick auch ab-
geblockt, weil sich der Mann allein für kompetent hält.

Nicht jede Person hebt Unterlagen in einem Ordner
auf oder hat ein System, mit dem andere ebensogut zu-
rechtkommen. Wenn Sie einen Einstieg in die Materie
suchen, wäre es eine gute Gelegenheit, mit Ihrem Ehemann ein System auszuhandeln, das Ihnen beiden einen
schnellen Überblick über die Finanzen bietet. Geschieht
das nicht, stehen Frauen bei einer Trennung oder Scheidung dann völlig hilflos da und wissen überhaupt nicht,
was alles in der Vergangenheit angespart wurde und
welche Verträge man abgeschlossen hat. Häufig nimmt
der Mann auch sämtliche Unterlagen mit, wenn er auszieht. Ich rate Ihnen darum: Machen Sie rechtzeitig von

allen Dokumenten Kopien, und bewahren Sie diese
außerhalb der Wohnung auf. Ihnen mag das etwas über-
trieben oder vielleicht sogar hinterhältig vorkommen,
doch es ist nur ein einfaches Mittel der Absicherung.
Wenn Sie die Unterlagen nie benötigen, so ist das ja auch
in Ordnung. Wenn es aber erst einmal so richtig kriselt,
ist es häufig zu spät, aktiv zu werden.

Wichtige Dokumente, von denen es sich lohnt, eine
Kopie zu machen, sind beispielsweise:

- Heiratsurkunde,
- Führerschein,
- Sparbücher,
- Lohnsteuerkarte,
- alle Versicherungsverträge,
- Bausparvertrag,
- Fondspolicen,
- Verdienstbescheinigungen,
- Lohn- und Einkommensteuerbescheide,
- Kontonummern und Kontostände der Bankkonten,
- Depotauszüge der Bank
  (Aktien, Anleihen etc.),
- Kreditverträge (auch im Zusammenhang mit einem
  Immobilienerwerb),
- Grundbucheintragungen,
- Kaufverträge.

Es gibt außerdem noch einen anderen vernünftigen
Grund, immer Kopien solcher wichtigen Dokumente
außerhalb der Wohnung aufzubewahren: Bei Feuer-
oder Wasserschaden etwa könnten sonst die gesamten
Unterlagen vernichtet werden. Gut, wenn Sie dann Kopien haben.

Leben Sie in einer eheähnlichen Gemeinschaft, so ist es noch bedeutend schwieriger, vorbeugend tätig zu sein. Sind Sie dann von Ihrem Partner finanziell abhängig, kann es sein, daß Sie nach der Trennung leer ausgehen und alles, was Sie für die Gemeinschaft an Familienarbeit geleistet haben, überhaupt nicht gewertet wird. Sie können nur vorbeugen, indem Sie alles vertraglich regeln.

Geld verschwindet –
aus Plus wird Minus

Auch wenn Sie genau wissen, wieviel auf welchem Konto ist, welche Papiere (Aktien, Anleihen etc.) sich im Bankdepot befinden, welche Versicherungen abgeschlossen wurden, so sollten Sie eines bedenken: In einer Trennungsphase ist immer noch Zeit, Geld verschwinden zu lassen. Es ist keineswegs so, daß von diesem Zeitpunkt an alles so bleiben muß, wie es war, und bereits eine Trennung des Vermögens stattfindet. Jetzt kann die Person, die so etwas vorhat, noch problemlos Gelder abheben und zur Seite schaffen. In den meisten Fällen machen das die Ehemänner. Die Frauen trauen sich meist nicht, das zu tun, sind aber entsetzt, wenn sie feststellen, daß der Ehemann keinerlei Skrupel hatte, die Konten zu räumen.

Manchmal wird das gesamte Kapital in die Firma des Mannes investiert. Oder Sparbücher werden aufgelöst und z. B. für einen Autokauf eingesetzt. Oder private Schulden – von denen nie die Rede war – werden angeblich beglichen. Oder es werden neue Schulden gemacht und Lebensversicherungen dafür abgetreten. Jedenfalls: Die Konten sind leer, und es gibt nichts mehr zu teilen. Lebensversicherungen, die immer erwähnt wurden, wenn es um die gemeinsame Absicherung fürs Alter ging, gibt es nicht mehr, oder es hat sie angeblich nie gegeben.

Beispiel: Heidelinde K. war ganz sicher, daß Lebensversicherungspolicen in nicht unerheblicher Höhe existieren würden. Ihr Mann behauptete dagegen, diese seien schon längst aufgelöst und für den gemeinsamen Lebensunterhalt verbraucht worden. Sie traute seiner Aussage jedoch nicht und rief verschiedene Versicherungen an, deren Namen zu Hause erwähnt worden waren, um zu erfragen, ob dort eine Police auf den Namen ihres Mannes geführt würde. Bei allen Versicherungen erhielt sie dieselbe Nachricht, daß man ihr keine Auskunft geben könne, wenn sie nicht die Versicherungsnehmerin sei und die Policen auf ihren Namen ausgestellt wären. Man wies sie auf den Datenschutz hin.

Sie gab jedoch nicht auf, sondern startete einen neuen Versuch. Sie wandte sich so noch einmal an die Gesellschaften und ließ sich die Vertragsabteilung geben. Sie bat um ein Angebot für die Erhöhung der Lebensversicherung ihres Mannes und erklärte, er habe sie gebeten, ein solches für ihn einzuholen. Nach dem Namen des Mannes gefragt, wurde kurz im Computer geprüft, wie die Vertragssituation zum aktuellen Zeitpunkt aussah. Sie mußte nur noch das Geburtsdatum und die Adresse nennen, weil sie die Versicherungsnummer nicht parat hatte. Ihr Trick funktionierte: Bei einem Unternehmen wurde sie fündig.

Dieses Beispiel zeigt, daß sich das Sprichwort: »Bei Geld hört die Freundschaft auf« leider immer wieder bewahrheitet. Trotzdem höre ich regelmäßig von Frauen den Satz: »Mein Mann würde so etwas nie tun«. – Vielleicht nicht, solange Sie in einer gemeinsamen Wohnung leben. Wird aber die Trennung auch räumlich vollzogen, verschwinden sehr oft die Skrupel, und es wird nur noch an den eigenen finanziellen Vorteil gedacht.

Beispiel: Karin S. Sie befand sich nach eigenen Aussagen in einer finanziell sehr brenzligen Situation. Sie war ausgezogen und hatte die Sparbücher in der Wohnung gelassen. Auf ihrem Girokonto war wenig Geld, und sie bat ihren Mann, ihr einen Teil der Sparbücher zu überlassen. Das ist nie geschehen, im Gegenteil – die Guthaben wurden von ihrem Mann abgehoben. Sie mußte sich also von Freunden Geld leihen, um überhaupt über die Runden zu kommen.

Klare Verhältnisse im Falle einer Trennung sind wichtig. Dafür können Sie sich professionelle Hilfe bei einer Anwältin holen. Vielleicht rät sie Ihnen schon in dieser Phase, alles schriftlich zu regeln.

Der Trennungsvertrag

Weder in der Ehezeit noch in der Trennungsphase befinden Sie sich in einem rechtlosen Zustand. Viele Frauen kennen aber ihre Rechte nicht. Wenden Sie sich also an eine Anwältin, sie kann Sie aufklären. Denn: Bereits bestehende Rechte und Pflichten können auch noch durch einen Trennungsvertrag verändert werden. In dem Zusammenhang kann zudem beizeiten die finanzielle Situation beider Partner geklärt werden.

Eine Trennungsphase ist in den meisten Fällen eine Übergangszeit zu einer Scheidung oder auch zu einem weiteren Versuch, miteinander zu leben. Alles ist offen, leider auch die finanzielle Situation. In dieser Situation hängt somit alles davon ab, welche Vereinbarungen getroffen werden.

Beispiel: Der Ehemann zieht aus und mit einer anderen Frau zusammen. Er kümmert sich rührend um die verlassene Ehefrau, denn er hat ein schlechtes Gewissen. Auf dieses schlechte Gewissen ist aber kein Verlaß, denn je länger die Trennungsphase dauert, desto größer kann der Einfluß der neuen Partnerin werden. Dies ist nur eine Erfahrung aus vielen Gesprächen mit Frauen. Sie wissen meist einfach nicht, wie es weitergeht und was ihnen zusteht: Was können sie sich finanziell leisten? Wie hoch können sie einsteigen, wenn es um ihre eigene

private Vorsorge geht? Wie lange noch wird er die »freiwilligen« Zahlungen leisten, den Kindern die Wünsche
erfüllen, die Miete für das Haus voll übernehmen?

Wenn Sie sich in einer ähnlichen Situation befinden,
wäre ein Trennungsvertrag ein guter Weg zur Lösung
ihrer Probleme. Diesen sollte eine Anwältin mit Ihnen
zusammen aufsetzen.

Ist der Mann ausgezogen und ist er auch derjenige,
der die Trennung will, gestaltet sich alles häufig einfacher, wenn Sie sofort Verhandlungen führen. Denn: In
einer Phase, in der noch miteinander gesprochen wird,
ist es meist leichter, zu verhandeln und einen Trennungsvertrag zu schließen. Später, wenn es um die Scheidung geht und um Verpflichtungen für lange Zeit, wird
um jeden Pfennig gefeilscht.

Besonders schwierig sind Verhandlungen, wenn die
Frau die Trennung in die Wege geleitet hat und der
Mann der »Verlassene« ist. Egal, wie die Kommunikation läuft – ob gut oder schlecht –, Vorsicht ist in jedem
Fall geboten, wenn der Partner vorschlägt, daß die Frau
einen Vertrag unterschreiben soll, den sein Anwalt auf-
gesetzt hat. Nur eine Formsache, sagt er zwar, aber lassen Sie sich den Entwurf zeigen, und sprechen Sie mit
ihrer eigenen Anwältin darüber. Sie weiß auch, ob es für
Sie günstig ist, Ihre Rechte durch einen Trennungsvertrag zu verändern beziehungsweise idealerweise zu verbessern.

Was soll nun ein Trennungsvertrag auf jeden Fall enthalten? – Die Anwältin Sigrid Koppenhöfer gibt folgende Ratschläge:

① *Unterhaltsregelung.*
Sofern Kinder bei der Unterhaltsberechtigten leben, sollte eine Vereinbarung/Regelung aufgenommen werden, die einzelne Beträge für die Kinder ausweist. Diese Beträge können jeweils der aktuellen Düsseldorfer Tabelle zur Unterhaltsregelung angepaßt werden. Der Ehegattenunterhalt sollte ebenfalls extra beziffert sein. Zusätzlich zum Unterhalt muß die Krankenversicherung geregelt werden.

Gilt der Vertrag über die Scheidung hinaus, sollte unbedingt zusätzlich zum Ehegattenunterhalt die Zahlung der Kranken- und Rentenversicherung *extra* ausgewiesen sein, insbesondere weil sich die Krankenversicherungsbeiträge ändern können. Und die Berechtigte hat Anspruch auf Elementarunterhalt sowie *zusätzlich* auf Zahlung des Krankenversicherungsbeitrags und der Übernahme der Rentenversicherung.

② *Gütertrennung.*
Eventuell ist die Gütertrennung sinnvoll, weil dann das gegenseitige Mißtrauen wegen Vermögensverschiebung wegfällt.

③ *Versorgungsausgleich.*
Bezüglich einer Regelung über den Versorgungsausgleich sollte *immer* ein Fachmann/Anwalt oder eine Fachfrau/Anwältin gefragt werden, ob überhaupt eine Vereinbarung geschlossen werden soll. Hier ist Vorsicht geboten.

Soweit die Anmerkungen von Frau Koppenhöfer, die mir auch einen Auszug zum Thema »Krankenversicherungsunterhalt« (vgl. Abb. 1) zur Verfügung gestellt hat.

Beim Trennungsunterhalt besteht in der Regel noch eine Mitversicherung, wenn der Bedürftige mangels Berufstätigkeit nicht selbst versichert ist. Besteht jedoch kein Versicherungsschutz, so sind diese Kosten in der Unterhaltsquote nicht enthalten, sondern müssen zusätzlich verlangt werden. Die Höhe richtet sich nach den bereits während des Zusammenlebens angefallenen Kosten beziehungsweise bei Neuversicherungen nach den Kosten einer entsprechenden Krankenversicherung (bei Privatversicherungen: Höhe der gesetzlichen Krankenversicherung zur Zeit 12,2 Prozent des Bruttoeinkommens). Bei der Unterhaltsberechnung sind die Krankenversicherungskosten wie beim Vorsorgeunterhalt vorab vom bereinigten Nettoeinkommen des Pflichtigen abzuziehen und erst dann die Unterhaltsquote zu bilden.
Quelle: BGH a.a.O.: Wendl-Staudige S. 369 ff.

Abbildung 1: Krankenversicherungsunterhalt

Angelika Garbrecht, eine befreundete Anwältin, hat sich auch intensiv mit dem Thema Trennungsvertrag auseinandergesetzt und mir konkrete Ratschläge gegeben, die Sie im nachfolgenden Kasten (vgl. Abb. 2) finden.

»Bei oder nach der Trennung von Ehepaaren können diese einen Getrenntlebensvertrag abschließen; meistens wird jedoch eine Scheidungsvereinbarung anläßlich der Trennung getroffen, auch wenn die Ehescheidung noch nicht eingereicht ist. Grund hierfür ist, daß im Prinzip dieselben Punkte zu regeln sind. Soll die Scheidung erst zu einem späteren Zeitpunkt eingereicht werden, so werden in der Scheidungsvereinbarung noch ein oder zwei Punkte für die Trennung gesondert geregelt, wie zum Beispiel der Trennungsunterhalt.

Der Ehevertrag gestaltet die güterrechtlichen Verhältnisse der Eheleute. Er ist eine Art vorsorgende Regelung der Scheidungsfolgen. Die Scheidungsvereinbarung regelt die konkreten Folgen der Scheidung. Eine Scheidungsvereinbarung wird fast ausschließlich in der Form eines gerichtlichen Vergleichs im Scheidungstermin vereinbart.

Es gibt aber auch die Möglichkeit, durch eine notarielle Scheidungsvereinbarung die Scheidungsfolgen bereits vor Klageeinreichung zu regeln, unabhängig davon, wann eine Scheidungsklage später eingereicht wird.

Schwerpunkte der Scheidungsvereinbarung:
- die Auseinandersetzung über das Vermögen (Zugewinnausgleich),
- die Auseinandersetzung im Zusammenhang mit Ehewohnung und Hausrat,
- die Regelung des Ehegattenunterhalts,
- die Regelung des Kindesunterhalts,
- die Regelung der elterlichen Sorge und des Umgangsrechts,

- Vereinbarungen zum Versorgungsausgleich,
- die Kosten des Rechtsstreits.

Die Parteien können, bevor sie eine Scheidungsvereinbarung treffen, auch einen Getrenntlebensvertrag abschließen.

Schwerpunkte des Getrenntlebensvertrages:
- Regelung des Zugewinnausgleichs,
- Trennung der gesamten Bankkonten; Regelung gemeinsamer Schulden
- Vereinbarung über die Handhabung von Steuerpflichten,
- Getrenntlebensunterhalt,
- Kindesunterhalt,
- elterliche Sorge und Umgangsrecht,
- Vereinbarungen über die Hausratverteilung und die Nutzung der Ehewohnung (Mietvertrag),
- Vereinbarungen über den Versorgungsausgleich,
- Auseinandersetzung hinsichtlich des Eigentums an Grundstücken oder Wohnungen
- Vereinbarung über die Handhabung von Steuerpflichten.

Der Getrenntlebensvertrag kann, wie die Scheidungsvereinbarung, wegen Formbedürftigkeit einzelner seiner Teile insgesamt formbedürftig sein. Wird die vorgeschriebene Form nicht eingehalten, ist dieser Vertrag womöglich dann unwirksam oder gar nichtig.«

Abbildung 2: Trennungsvertrag

Spätestens an dieser Stelle ist Ihnen sicher klar geworden, daß es sinnvoll ist, sich fachlich beraten zu lassen. Ein kleiner Formfehler im Vertrag kann den gesamten Vertrag in Frage stellen. Jeder der einzelnen Punkte hat eine Bedeutung für die Zeit der Trennung und auch der Scheidung. Wie dann Ihr finanzielles Leben aussehen wird, können Sie in dieser Phase bei Vertragsabschluß schon erkennen und auch Weichen stellen, damit es keine Überraschungen gibt, wenn es zur Scheidung kommt.

Welche Verträge haben wir gemeinsam, und wem gehören sie?

In einer Partnerschaft, in der zwei Personen als Eheleute oder in nichtehelicher Gemeinschaft zusammenleben, gibt es Verträge, die für beide gelten, und solche, die für jede Person einzeln abgeschlossen werden. Es gibt aber auch noch etwas dazwischen – eben Verträge, die zwar für jede Person einzeln gelten, aber in einem gemeinsamen Vertrag dokumentiert sind. Um diese Verträge wird es voraussichtlich bei einer Trennung oder Scheidung in der Hauptsache gehen.

Dieses Kapitel hat den Zweck, Sie erst einmal grundsätzlich mit der Vertragsgestaltung vertraut zu machen. So haben Sie die Möglichkeit zu prüfen, wie die Sachlage bei Ihnen persönlich aussieht und wem die einzelnen Verträge gehören, wobei jede einzelne Versicherung in einem separaten Kapitel noch ausführlich beschrieben werden wird.

An dieser Stelle erfahren Sie alles, was für Sie im Falle einer Trennung und Scheidung von Bedeutung sein kann. Einige Begriffe werden Ihnen sicherlich noch nicht vertraut sein. Benutzen Sie bitte das Register und schlagen Sie einfach in dem entsprechenden Kapitel nach – dort erfahren Sie alles, was Sie wissen müssen.

① *Die private Krankenversicherung.*
Hier ist es üblich, alle Familienmitglieder in einem Vertrag zu versichern, obwohl es sich im Grunde genommen um Einzelverträge handelt. Für jede Person wird individuell der Beitrag errechnet, der sich nach dem Alter und dem Gesundheitszustand, dem Geschlecht und dem Leistungsumfang richtet.

Es gibt z. B. den Vollschutz, der beinhaltet die gesamte Absicherung für Behandlungen beim Arzt, Zahnarzt und im Krankenhaus. Es können aber auch Zusatzversicherungen zur gesetzlichen Krankenversicherung, wie Zuzahlungen bei Zahnersatz, bessere Unterbringung und Chefarztbehandlung im Krankenhaus, abgeschlossen worden sein.

Es ist sinnvoll, diesen Schutz im Falle einer Trennung – spätestens bei der Scheidung – zu teilen. Das heißt, der Vertrag wird getrennt, und jede erwachsene Person erhält einen eigenen Vertrag und ist somit auch selber versichert. Diese Vertragsumstellung bringt keine Nachteile, denn es gibt sowieso in der privaten Krankenversicherung keine Vorteile durch die Bündelung von Verträgen. (Es sei denn, Sie sind mit einem Arzt verheiratet). Es kommt also in der Regel zu keinem neuen Vertrag mit neuem Eintrittsalter oder einer Wartezeit.

Ob auch die Zusatzversicherung übernommen wird, hängt immer von der persönlichen finanziellen Situation ab. Falls der Schutz nicht gebraucht wird oder er der Frau zu teuer ist, muß der Policeninhaber diesen zum nächstmöglichen Termin kündigen (vgl. Abb. 3 und 4).

Hierzu die Anwältin Sigrid Koppenhöfer: »Grundsätzlich hat die Berechtigte während der Trennung Anspruch auf Weiterversicherung im bisherigen Umfang.

Praktisch wird dies so gehandhabt, daß bis zur rechtskräftigen Scheidung der Verpflichtete weiterhin die
Krankenversicherung im bisherigen Umfang zahlt und
die Frau und die Kinder weiterhin mitversichert sind.
Ab der rechtskräftigen Scheidung besteht ebenfalls ein
Anspruch auf Weiterversicherung im bisherigen Umfang.«

Landeskrankenhilfe
Hauptverwaltung

Zuständige Bezirksdirektion: **Herzog-Heinrich-Str. 25
80336 München
Ruf (089) 530406**

┌ Landeskrankenhilfe V.V.a.G. · 21332 Lüneburg ┐

Lüneburg, den **12.11.95**

VERSICHERUNGSSCHEIN

49 Über den ab **1.01.96** geltenden
Vertragsstand

Vertragsinhaberin ❶

Ihre Mitgliedsnummer ❷
(bitte stets angeben)

L **VERSICHERUNGSNEHMER** ⌐

Grund der Ausfertigung: **Beitragsänderungen zum 1.01.96
gemäß beigefügten Erläuterungen**

Die LANDESKRANKENHILFE V.V.a.G. beurkundet dem Versicherungsnehmer im einzelnen folgende Versicherungsverhältnisse:

Versicherte Person geboren/Geschlecht	Vereinbarte Tarife			Zusammensetzung der monatlichen Beitragsrate				Insgesamt DM
	ab 1.	Tarif	Stufe	ab 1.	Tarifbeitrag DM	Abschlag*) DM	Wagniszuschlag DM	
01		06.89	102	360	01.96	44020	32,00		408,20 X
❸	F	06.89	193		01.94	17,50	0,40		17,10
		06.89	200		01.96	227,50	9,70		217,80 X
		07.91	T06	010	07.91	3,50			3,50
		08.94	T06	020	08.94	8,00			8,00
		06.89	T06	100	01.91	35,00	❺		35,00
									389,60 *
02	V.S	30.92	KHT	050	03.92	5,50			5,50
❹	F	01.92	102	180	10.96	112,60			112,60 X
		01.92	193		01.92	5,90			5,90
		01.92	300		01.92	30,50 ⌐			30,50
									154,50 *

Monatliche Gesamtbeitragsrate ab 1.01.96: 844,10

*) für angerechnete Versicherungszeiten
**) siehe vorhergehende Versicherungsunterlagen

(Ausstellungsdatum des
vorhergehenden Versicherungsscheines: **6.11.94**)

▌▌▌ Van ◄ Interne Vermerke ► ▌▌▌

❶ Vertragsinhaberin/Versicherungsnehmerin
❷ Für Schriftverkehr wichtig
❸ Versicherte Person 1
❹ Versicherte Person 2
❺ Die versicherten Leistungen – leider fast immer nur
 interne Bezeichnungen des Unternehmens

Quelle: LKH-Police

Abb. 3: Private Krankenversicherung (Familienvertrag)

BAYERISCHE
VERSICHERUNGS  **KAMMER**
BAYERISCHE
BEAMTENKRANKENKASSE

Versicherungsnehmer:

Versicherungsschein

Versicherungs-Nr.

❶

Die bayerische Beamtenkrankenkassen (BKK) versichert nach den Bestimmungen der Allgemeinen Versicherungsbedingungen, den gewählten Tarifen und den Sonderbedingungen:

Vorname							Geburtsdatum							
Nummer	Tarif (Kennziffer)	x-mal	Versicherungsbeginn Tag/Monat/Jahr	Änderungs-Dat. Monat/Jahr	Warte zeit (Wz)	Abschlag	Sob.	Diagnose/ Tarif	Dauer/Tarif Monat/Jahr	Sob.	Diagnose/ Tarif	Dauer/Tarif Monat/Jahr	Zuschlag in %	monatlicher Betrag DM
0101	563	01	01.01.78	07.93	1		37		07.93					70.50
0102	608	01	01.01.78	07.93	1		37		07.93					92.10
0103	500	02	01.10.85	10.92	1	❷								7.20
0104	562	01	01.07.93	07.93	4									65.00
0105	006	01	01.07.93	07.93	4									86.50
0106	762	10	01.07.93	07.94	4									48.00
0107	764	20	01.07.93	07.93	4									40.00

               Nachforderung   326.30   **Summe Monatsbeitrag 08.1993** 409.30
                                                        Nächste Abbuchung   735.60

Erläuterungen 1.–4. Sob. (Sonderbedingungen):
37=Wartezeiten nach § 3 der AVB ab dem oben angegebenen Monat

In der mit dem Stern* bezeichneten Position hat sich der Beitrag/Tarif geändert

Bitte beachten Sie die umseitigen Erläuterungen und Anmerkungen
Konten: "Bayerische Versicherungskammer, Bayerische Beamtenkrankenkasse"   Postgiroamt München /BLZ 700 100 80) Konto 19 40-806
Bayerische Landesbank Girozentrale München (BLZ 700 500 00) Konto 24 345   DG BANK Bayern (BLZ 701 600 00) Konto 327 064

❶ Vertragsinhaberin. Kein Familienvertrag – nur Schutz für Vertragsinhaberin
❷ Versicherungsleistung. Leider verschlüsselt – wie meist

Quelle: BBV-Police

Abb.4: Private Krankenversicherung (Einzelvertrag)

② *Die private Pflegeversicherung.*

Wurde zur gesetzlichen Pflicht-Pflegeversicherung noch eine private Pflegezusatzversicherung abgeschlossen, so kann auch dieser Vertrag einfach getrennt werden, wenn die Frau ihre Zusatzversicherung braucht und diese bezahlen möchte (vgl. Abb. 5).

BAYERISCHE
VERSICHERUNGS KAMMER
BAYERISCHE
BEAMTENKRANKENKASSE

Postanschrift: 80530 München · Telefon (089) 2150 – 3266

Auszug aus Vertrag

für Vermittler

Versicherungs-Nr.
K

22.04.94

① VERTRAGS-AENDERUNG

Name							Geburtsdatum		Ausbildg. Ende		VORGANGS-NR. 01			
Peta-Nr.	Tarif	X-mal	G	Vers.-Beginn Tag/Monat/Jahr	Änderung Schl. Datum	WZ	Abschlag Art | in %	Sonderbedingungen (SoB) 1. SoB/Dauer	2. SoB/Dauer	3. SoB	4. SoB	Zuschl. in %	monatl. Beitrag
*0101 ❷	737	05	2	01.04.94	14.04.94	2							45,00
*0201 ❸	737	05	2	01.04.94	14.04.94	2							44,50
					SUMME MONATSBEITRAG ABB*			05. 1994					90,50

❶ VertragsinhaberIn
❷ 1. Versicherte Person
❸ 2. Versicherte Person

Quelle: BBV-Police

Abbildung 5: Private Pflegeversicherung

③ *Private Altersvorsorge.*
Hier geht es um die Lebensversicherung egal, in welcher Form:

- Risikoversicherung (Todesfallschutz),
- Kapital-Lebensversicherung auf den Todes- und Erlebensfall,
- Private Rentenversicherung,
- Fondsgebundene Lebensversicherung.

Die Person, auf die der Vertrag läuft, ist Versicherungsnehmer oder Versicherungsnehmerin und somit auch Inhaber oder Inhaberin dieser Versicherung. Da diese Versicherung allein dem Versicherungsnehmer oder der Versicherungsnehmerin gehört, kann dieser oder diese damit machen, was er, beziehungsweise sie will. Eine Kündigung ist hier möglich, auch eine Stillegung sowie eine Reduzierung.

Erst im Scheidungsverfahren werden die noch bestehenden Verträge berücksichtigt, und der Part, der in der Ehe erworben wurde, wird geteilt. Ob das der Fall ist, entscheidet der für die Ehe vereinbarte Güterstand. Haben beide Ehepartner Lebensversicherungsverträge auf den eigenen Namen und sind diese im Wert vergleichbar, ist es stets die beste Lösung, wenn jede Person den eigenen Vertrag behält. Ein Ausgleich ist nicht erforderlich (vgl. Abb. 6, 7, 8 und 9).

Lebensversicherungsverein a. G.

Zweitausfertigung

Versicherungsschein
für Ihre Lebensversicherung

Verwaltungs-Nr.	Versicherungs-Nr.	Ausfertigungs-Nr. 001

Im Vertrauen auf die Richtigkeit und Vollständigkeit der schriftlichen Angaben im Versicherungsantrag stellen wir diesen Versicherungsschein aus. Die gegenseitigen Rechte und Pflichten ergeben sich aus dem Versicherungsantrag, dem Tarif, den Allgemeinen und den Besonderen Bedingungen, der Satzung, den etwa vereinbarten weiteren Bedingungen und den gesetzlichen Vorschriften. Gemäß § 3 des Versicherungsvertragsgesetzes kann der Versicherungsnehmer jederzeit Abschriften der Erklärungen fordern, die er mit Bezug auf den Vertrag abgegeben hat. Willenserklärungen sind entsprechend § 14 der Allgemeinen Bedingungen abzugeben.

Versicherungsnehmer ❶
Versicherte Person(en) ❷   Geburtsdatum

Tarif (1)	Versicherungsbeginn	Versicherungsende
LG2/F	01.12.1994	01.12.2023
	Versicherungssumme bei Ablauf 01.12.2023	54 059 DM
	Versicherungssumme zum Abruftermin 01.12.2022	51 132 DM
	Versicherungssumme zum Abruftermin 01.12.2021	48 299 DM
	Versicherungssumme zum Abruftermin 01.12.2020	45 556 DM
	Versicherungssumme zum Abruftermin 01.12.2019	42 897 DM
	Versicherungssumme zum Abruftermin 01.12.2018	40 323 DM
	Bei Tod: Kapitalzahlung in Höhe der Versicherungs-summe zum nächstfolgenden Termin	
	Beitrag ab 01.12.1994 monatlich	114,11 DM
	Ende der Beitragszahlungsdauer	01.12.2023

Bezugsberechtigung:

❸ Erlebensfall: der versicherte nehmer

❹ Todesfall   : Die Eltern der versicherten Person, nach Heirat der dann in gültiger Ehe lebende Ehegatte

Zweitausfertigung: Ansprüche auf die Versicherungsleistung können aus dieser Ausfertigung nicht hergeleitet werden.

Beginn des Versicherungsschutzes siehe Paragraph 2 der Allgemeinen Bedingungen.

> Der Versicherungsschein weicht in nachfolgend genanntem Punkt vom Antrag ab.
> Der Inhalt des Versicherungsscheines gilt aber mit dieser Abweichung als genehmigt, wenn der Versicherungsnehmer nicht innerhalb eines Monats nach Empfang des Versicherungsscheines schriftlich widerspricht (§ 5 des Versicherungsvertragsgesetzes).
> Abweichung: VERSICHERUNGSSUMME UND TARIFBEITRAG

Der Grundüberschußanteil wird mit dem tariflichen Beitrag verrechnet. Den derzeit zu zahlenden Beitrag entnehmen Sie bitte dem Begleitschreiben.

(1) Tarif LG2/F Kapitalversicherung auf den Todes- und Erlebensfall.
Die Versicherungssumme wird beim Tode des Versicherten, spätestens beim Ablauf der Versicherungsdauer fällig.

– Blatt 2 –

❶ VertragsinhaberIn
❷ Eine andere Person
❸ Bezugsberechtigte(r) im Erlebensfall
❹ Bezugsberechtigte(r) im Todesfall

Quelle: Police Debeka

Abbildung 6: Kapital-Lebensversicherung auf den Todes- und Erlebensfall

KOPIE   POLICE

Versicherungsschein

Nr.

Versicherungsnehmer: ❶

Versicherte Person: ❷

               geboren am:

Leibrentenversicherung auf ein Leben mit aufgeschobener Rentenzahlung,
Rentengarantie und Beitragsrückgewähr

Hauptversicherung

Tarif 810

Versicherungsleistungen
Lebenslängliche Rente
jeweils fällig am 1. jeden Monats   DM

Beginn der Versicherung   01.11.1991

Fälligkeit der ersten Rente   01.11.2003

Sofern die versicherte Person den Fälligkeitstag der
ersten Rente erlebt, werden die Renten mindestens für
die Zeit von 5 Jahren garantiert. Danach werden die
Renten solange ausbezahlt, wie die versicherte Person den
jeweiligen Fälligkeitstag erlebt.
Beim Tode der versicherten Person vor dem Fälligkeitstag
der ersten Rente werden die entrichteten Beiträge zurückgezahlt.

– 2 –

Schweizerische   Hauptbevollmächtigter   Versicherungsgenossenschaft   Telefon: (089) 38109-0
Lebensversicherungs- und   für Deutschland: auf Gegenseitigkeit.   Telex: 5215689 sran d
Rentenanstalt · Sitz in Zürich   Generaldirektor   Leopoldstraße 8–10   Telefax: (089) 38109-405
Niederlassung für Deutschland   Dipl.-Math. Günther Hox   D-8000 München 40

KOPIE   POLICE

Rentenanstalt Schweizerische ✛

Versicherungsschein Nr.   vom 04.11.91

Besondere Vereinbarungen Nr.: 001

Bezugsrecht

Im Erlebensfall: ❸   Der Versicherungsnehmer

Im Todesfall: ❹   Der überlebende Ehegatte, mit dem der für die Erlebens-
fall-Leistungen Bezugsberechtigte im Zeitpunkt des Ab-
lebens verheiratet war und danach die Kinder unter 18
Jahren bzw. bei Berufsausbildung unter 27 Jahren.

Besondere Vereinbarung Nr. 197:

In Ergänzung zu Paragraph 15 Abs. 4 der Allgemeinen Bedingungen für die Rentenversicherung gilt für die Überschußbeteiligung folgende Regelung:
Im Todesfall während der Aufschubdauer werden keine Überschußanteile ausbezahlt.

– 5 –

Schweizerische Lebensversicherungs- und Rentenanstalt · Sitz in Zürich Niederlassung für Deutschland	Hauptbevollmächtigter für Deutschland: Generaldirektor Dipl.-Math. Günther Hox	Versicherungsgenossenschaft auf Gegenseitigkeit. Leopoldstraße 8–10 D-8000 München 40	Telefon: (089) 38109-0 Telex: 5215689 sran d Telefax: (089) 38109-405

❶ VertragsinhaberIn
❷ In den meisten Fällen identisch
❸ Bezugsberechtigte(r) im Erlebensfall
❹ Bezugsberechtigte(r) im Todesfall

Quelle: Police Schweizerische Rentenanstalt

Abbildung 7: Private Rentenversicherung (Version A)

Versicherungsschein    **Nordstern**
                                     Versicherungen

Persönliche Daten

Versicherungsnehmer
und Versicherter

                                                              geb. am

Versicherungsbeginn/Rentenbeginn (mittags 12 Uhr)

Versicherungsbeginn   1.7.1994

Rentenbeginn   1.7.2016

Ihre Versicherung ist mit einer 5-jährigen Rentenbeginnphase ausgestattet.

Versicherte Leistungen

Aufgeschobene Rentenversicherung nach Tarif E1

Die monatliche Altersrente von   436,28 DM
zahlen wir vom 1.7.2011 an, wenn Sie die Rentenzahlung dann beginnen
lassen wollen.

Die Altersrente zahlen wir, solange der Versicherte lebt, mindestens
5 Jahre lang.

Bei Tod des Versicherten vor dem 1.7.2011 (mittags 12 Uhr) erstatten wir
die für die Altersrente gezahlten Beiträge.

Anstelle der Altersrente kann auf Wunsch auch der Kapitalwert ausgezahlt werden. Er beträgt   72 891,00 DM
Der Antrag auf Kapitalzahlung muß spätestens 3 Monate vor Rentenbeginn gestellt werden.

Rentenbeginnphase:

Während der Rentenbeginnphase erhöhen sich die versicherten Leistungen

			monatliche Altersrente	oder Kapitalwert
ab	1.7.2012	auf	483,20 DM	78 563,00 DM
	1.7.2013		533,90 DM	84 410,00 DM
	1.7.2014		588,70 DM	90 437,00 DM
	1.7.2015		648,10 DM	96 648,00 DM
	1.7.2016		712,50 DM	103 047,00 DM

Bei Tod des Versicherten im Versicherungsjahr

Todesfallkapital

ab	1.7.2011	auf	78 563,00 DM
	1.7.2012		84 410,00 DM
	1.7.2013		90 437,00 DM
	1.7.2014		96 648,00 DM
	1.7.2015		103 047,00 DM

Beitrag

monatlicher Beitrag   300,00 DM

Die Beiträge sind bis zum Ende des Beitragszahlungsabschnitts zu zahlen, in dem der Versicherte stirbt, längstens bis zum 1.7.2016.

Überschußbeteiligung

Die Rentenversicherung ist an den von uns erzielten Überschüssen beteiligt. Die zugeteilten Überschußanteile werden bis zum Rentenbeginn verzinslich angesammelt und bei Beginn der Rente zur Erhöhung der Rente verwendet.

Nach Beginn der Rentenzahlung werden die zugeteilten Überschüsse in Form einer Zusatzrente gezahlt, deren Höhe nicht für die gesamte Rentenzahldauer garantiert werden kann (System der gleichbleibenden Zusatzrente).

Leistungsempfänger

Für die Altersrente bzw. die Kapitalzahlung der Versicherungsnehmer   ❷

Für sonstige Leistungen nach dem Tod des Versicherten die Ehefrau des Versicherten   ❸

Vertragsgrundlagen

Es gelten folgende Versicherungsbedingungen

Allgemeine Bedingungen für die Rentenversicherung

❶ VersicherungsnehmerIn und Versicherter eine Person
❷ Bezugsberechtigte(r) im Erlebensfall
❸ Bezugsberechtigte(r) im Todesfall

Quelle: Nordstern Police

Abbildung 8: Private Rentenversicherung (Version B)

LEBENSVERSICHERUNG

KOPIE für den Vermittler

Versicherungsnehmer ❶	
Versicherte Person ❷ Geburtsdatum	

Versicherungsschein Nr.

Tarif

Versicherungsbeginn	1. September 1995	
Beitragssumme	DM	63 000
Mindesttodesfallsumme	DM	6300 ❸

Beitrag Hauptversicherung	DM	250,00
Gesamtbeitrag	DM	250,00
Zahlungsweise		monatlich

Ablauf der Versicherung	1. September 2016
Ablauf der Beitragszahlung	1. September 2016

Bezugsberechtigte(r) im Erlebensfall ❹

im Todesfall ❺ in der Reihenfolge der Ziffern unter
Ausschluß der jeweils nachfolgenden
Berechtigten:

1. der überlebende Ehegatte, mit dem
der Versicherte im Zeitpunkt seines
Ablebens verheiratet war
2. die ehelichen und die ihnen gleich-
gestellten Kinder
3. die Eltern
4. die Erben

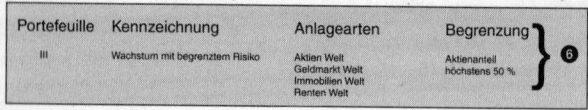

Portefeuille	Kennzeichnung	Anlagearten	Begrenzung
III	Wachstum mit begrenztem Risiko	Aktien Welt Geldmarkt Welt Immobilien Welt Renten Welt	Aktienanteil höchstens 50 % ❻

❶ VertragsinhaberIn
❷ Häufig identisch – kann aber auch eine andere Person sein
❸ Geringer Todesfallschutz
❹ Bezugsberechtigte(r) im Erlebensfall
❺ Bezugsberechtigte(r) im Todesfall
❻ Aufteilung der Fonds

Quelle: MLP-Police

Abbildung 9: Fondsgebundene Lebensversicherung

④ *Unfallversicherung.*

Bei der Unfallversicherung wird jede Person einzeln versichert, auch wenn ein Vertrag in der Ehezeit für mehrere Personen gilt (vgl. Abb. 10). Das macht auch Sinn, denn viele Unternehmen geben einen Familien- oder Gruppenrabatt. Ein solcher Vertrag kann jederzeit geteilt werden. Dann allerdings fällt der Rabatt weg.

Manchmal lohnt es sich aber nicht, diesen Vertrag zu teilen und den eigenen Schutz zu behalten, weil der Versicherungsschutz bei diesem Unternehmen zu teuer ist, der Vertrag auf zehn Jahre abgeschlossen und viele nicht wichtige Zusätze mitversichert wurden.

Nur wenn keine schwerwiegende Erkrankung vorhanden ist und keine Invalidität vorliegt, kann nach der Scheidung auch auf den Schutz im Familienvertrag verzichtet werden. Es ist also zu prüfen, ob nicht bei einem anderen Unternehmen ein besserer Schutz zu erhalten ist.

HELVETIA
VERSICHERUNGEN

Unfall-Versicherung –Versicherungsschein–	NR.
Ausfertigung für *den Vertreter*	*Filialdirektion* *Hermann-Lingg-Strasse 16* *80336 Muenchen* *Tel.: 089/514910*
110/2239	
Frau *Svea Kuschel* *Schornstr. 8*	*Frau* ❶
81669 Muenchen	

Versicherungsart

Unfall-Versicherung

– *Beginn 08.08.1994, Ablauf 08.08.1995 je mittags 12 Uhr.* ❷

Nach Ablauf dieser Zeit verlängert sich der Vertrag von Jahr zu Jahr, wenn nicht 3 Monate vor dem jeweiligen Ablauf dem Vertragspartner eine schriftliche Kündigung zugegangen ist.

Hinweise

– *Der Versicherungsnehmer wird gebeten, den Wortlaut des Versicherungsscheines beim Empfang auf seine Richtigkeit zu prüfen. Wenn im Versicherungsschein unter ABWEICHUNGEN VOM ANTRAG solche beschrieben sind und nicht innerhalb eines Monats schriftlich widersprochen wird, gelten die Abweichungen als genehmigt.*

– 2 –

Helvetia Schweizerische Versicherungsgesellschaft, Direktion für Deutschland, AG nach Schweizer Recht – Hauptsitz: St. Gallen/Schweiz
Hauptbevollmächtigter: Generalkonsul a.h. Dr. Wolfgang Kuhn, Berliner Straße 56–58, 60311 Frankfurt

SEITE 2
Unfall-Versicherung   NR.
–Versicherungsschein–

VERTRAGSBEDINGUNGEN

– *Allgemeine Unfallversicherungs-Bedingungen (AUB 88); Teil I und II*
  U 2021–16   – sind beigefügt –

    Zusätzlich gelten:
    Teil III 2,   Zusatzbedingungen für dei Kinder-Unfallversicherung
    Teil III 6,   Besondere Bedingungen für die Unfallversicherung
                    mit progressiver Invaliditätsstaffel (350 %-Modell)
    Teil III 10,   Besondere Bedingungen für dei Unfallversicherung mit
                    Zuwachs von Leistung und prämie (Form A)

E I N Z E L U N F A L L V E R S I C H E R U N G

VERSICHERUNGSUMFANG

Unfälle des täglichen Lebens.

VERSICHERTE PERSON ❸
1.
    Geb.
    Hausfrau
    Gefahrengruppe: A

Versicherte Leistungsart Versicherungssumme Prämiensatz   *Jahresprämie*

Invalidität progressiv 350 %	DM	100 000	DM	1,30	DM	130,00
bei Vollindivalidität	DM	350 000				
Bergungskosten	DM	5000				*prämienfrei*
Zwischensumme					DM	130,00

K I N D E R U N F A L L V E R S I C H E R U N G

VERSICHERUNGSUMFANG

Unfälle des täglichen Lebens.

VERSICHERTE PERSONEN ❹
2.
    Geb.

– 3 –

Helvetia Schweizerische Versicherungsgesellschaft, Direktion für Deutschland, AG nach Schweizer Recht – Hauptsitz: St. Gallen/Schweiz
Hauptbevollmächtigter: Generalkonsul a.h. Dr. Wolfgang Kuhn, Berliner Straße 56–58, 60311 Frankfurt

❶ Inhaberin der Police/des Vertrages
❷ Drei Monate vorher kündbar
❸ Mitversicherte Person 1
❹ Mitversicherte Person 2 – in diesem Fall ein Kind

Quelle: Helvetia-Police

Abbildung 10: Familien-Unfallversicherung (Mutter/Kind)

⑤ *Berufsunfähigkeitsrente*

Hierbei handelt es sich um einen privaten Schutz, den jede Person immer nur für sich selber abschließen kann. Wenn dieser Schutz vorhanden ist, sollte er auch beibehalten werden (vgl. Abb. 11 und 12). Es sei denn, daß mit Sicherheit der Lebensunterhalt nie durch den eigenen Verdienst abgesichert werden muß, d. h. wenn etwa ein großes Kapitalvermögen oder ausreichender Immobilienbesitz vorhanden sind.

M **Mannheimer**
Kopie

VERSICHERUNGSSCHEIN

Versicherungsnummer

Versicherungsnehmer:

❶

Versichert ist: **❷**

geboren am

Technische Daten:

Hauptversicherung

	Tarif	T7 (87) F	
Versicherungssumme DM		100 000	
Versicherungsbeginn		01.11.1994	**❸**
Versicherungsende		01.11.2016	
Beitragszahlungsende		01.11.2016	
1/12-Beitrag DM		58,58	

Eingeschlossene Zusatzversicherung

	Tarif	BUZ (91)	
Jahresrente DM		48 000,00	
zahlbar in		1/12-Raten	
Versicherungsbeginn		01.11.1994	
Versicherungsende		01.11.2016	**❹**
Beitragszahlungsende		01.11.2016	
Leistungsende		01.11.2016	
Karenzzeit		1 Jahr	
Erhöhung der Leistung		5,00 %	
1/12-Beitrag DM		295,69	

Der monatliche Gesamtbeitrag zu dieser Versicherung beträgt

DM 354,27

Tarifbeschreibung
Tarif T7 (87) F: Risikolebensversicherung mit gleichbleibender Versicherungssumme
Die Versicherungssumme wird bei Tod der versicherten Person während der Versicherungsdauer fällig.
Die Beiträge sind bis zum Ende des Ratenzahlungsabschnitts zu entrichten, in dem die versicherte
Person stirbt, längstens bis zum Ablauf der Beitragszahlungsdauer.

❶ VertragsinhaberIn
❷ Versicherte Person (Daten, z. B. Geburtstag,
wird für die Berechnung zugrunde gelegt)
❸ Todesfallsumme
❹ Berufsunfähigkeitsrente

Quelle: Mannheimer-Police

Abbildung 11: Risikoversicherung mit Berufsunfähigkeit

EQUITY **Lebens-**
❋ LAW versicherung

KOPIE – VERMITTLER

Versicherungs-Police Nr. L

Daten zur Person

Geburtsdatum

Versicherungsnehmer und **❶**
versicherte Person

Tarifdaten
Versicherungsbeginn 01.01.1989

Tarif	Leistungsart	Dauer (Jahre)	Leistung (DM)	Jahres-Brutto-Beitrag (DM)
32	Jahresrente bei Berufsunfähigkeit	(a) 17 (b) 12	12 000 **❷**	692,30

(a) Leistungsdauer
(b) Versicherungsschutz- und Beitragszahlungsdauer

Allgemeine und besondere Versicherungsbedingungen
Zu diesem Vertrag gelten die

o Allgemeine Bedingungen für dei variable Berufsunfähigkeits-Versicherung
 nach Tarif 32 (57–06/85)

Sonstige Druckstücke

o Merkblatt für die variable Berufsunfähigkeits-Versicherung (14–06/85)

Bezugsberechtigung

Bei Berufsunfähigkeit **❸** 			geb. am

Der Anhang 1 ist Bestandteil dieser Police und
Inhalt des Vertrages.

Wiebaden, den 16.01.1989

Detlef Tank
Hauptbevollmächtiger für Deutschland

❶ VertragsinhaberIn ist beides
❷ Berufsunfähigkeitsrenten-Höhe
❸ An diese Person wird die Rente gezahlt.

Quelle: AXA-Police (ehem. Equity & Law)

Abbildung 12: Eigenständige Berufsunfähigkeitsrente

⑥ *Absicherung beim Tod des Partners.*
Für diese Art der Absicherung gibt es verschiedene Vertragsformen. Auch hier gilt, wer Vertragsinhaber oder -inhaberin ist, kann mit diesem Vertrag machen was er beziehungsweise sie will.

In der Ehezeit ist diese Absicherung dafür gedacht, daß die Ehefrau oder der Ehemann finanziell abgesichert ist, wenn die versicherte Person stirbt. So eine Versicherung kann auch noch nach der Scheidung einen Sinn haben, wenn Unterhaltszahlungen vereinbart wurden. Falls kein Absicherungsbedarf mehr besteht, sollte der Versicherungsnehmer beziehungsweise die Versicherungsnehmerin den Vertrag kündigen (vgl. Abb 13).

Es gibt aber auch Verträge auf Gegenseitigkeit. Bei diesen Verträgen ist es erforderlich, daß beide Vertragspartner mit einer Änderung einverstanden sind.

KOPIE

Dialog Lebensversicherung-AG

Versicherungsschein
Risikoversicherung mit
Überschußbeteiligung

Vermittler: 37/1093 D
Svea Kuschel
Versicherungsmaklerin
Schornstr. 8
81669 München
Tel.: 089/4485746
Fax: 482901

Versicherungsnehmer ❶	Versicherungs-Nr.	Tarif	Bei Schriftwechsel und Zahlungen bitte unbedingt angeben.
	Ausfertigungsgrund		
	Neuantrag		

Versicherte Person	Name ❷		Geburtsdatum
Versicherungs-summen	im Todesfall DM 100 000*	bei Unfalltod zusätzlich DM *0*	bei Ablauf DM *0*
Versicherungsbeginn und -ablauf	Technischer Beginn mittags 01.03.1994 12 Uhr	Ablauf mittags 01.03.1999 12 Uhr	Beginn der Leistungspflicht siehe § 1 der Allgemeinen Bedingungen
Beitrags-zahlung	Beginn der Beitragszahlung 01.03.1994	Ende der Beitragszahlung 01.03.1999	Das Versicherungsjahr beginnt mit dem Monat, der in »Ende der Beitragszahlung« dokumentiert ist.
	Zahlungsweise jährlich	Beitragsrate DM ❸ *1549,00*	Dieser Beitrag vermindert sich um die jeweiligen Überschußanteile, wenn Beitragsverrechnung vereinbart ist.

Tarifbeschreibung:

Die Versicherungssumme wird nur beim Tod der versicherten Person innerhalb der Versicherungs- ❹
dauer fällig.

Die Beiträge sind bis zum Ende des Zahlungsabschnitts zu zahlen, in dem die versicherte Person stirbt, längstens bis zum vereinbarten Ende der Beitragszahlung.

Beim Erleben des Ablaufs der Versicherung wird im Gegensatz zur Versicherung auf den Todes- und Erlebensfall keine Versicherungsleistung fällig.

Versicherungsbedingungen:

Es gelten die
– Allgemeinen Bedingungen für die Risikoversicherung

Verwendung der Überschußanteile:

Die jährlichen Überschußanteile werden mit den fälligen Beiträgen verrechnet. Wird der jährliche Überschußanteil für die Bestreitung der Beiträge eines Jahres nicht voll benötigt, so wird der nicht benötigte Teil verzinslich angesammelt und bei Beendigung der Versicherung – gleich aus welchem Grunde – ausgezahlt.

Versicherungsschein-Nr. 5.964.129 Seite 1

Zeuggasse 7   Vorsitzender des Aufsichtsrates: Dr. Harold Kluge   Bankverbindung   BLZ   Konto-Nr.
86150 Augsburg   Vorstand: Manfred Lawrowicz, Hans-Herbert Rospleszcz, Erich Stein   Stadtsparkasse Augsburg   720 500 00   0 194 001
Tel. 0821/50233-0, Fax 0821/5023333   Registergericht: Amtsgericht Augsburg, HRB 6589, Sitz Augsburg   Postgiroamt München   700 100 80   322 52-807

❶ VertragsinhaberIn
❷ Auf deren Leben wird der Vertrag abgeschlossen
❸ Nettobetrag viel niedriger
❹ Bezugsberechtigte(r) im Todesfall

Quelle: Dialog-Leben-Police

Abbildung 13: Risikoversicherung für den Todesfall

⑦ *Haftpflichtversicherung.*

Nicht nur Eheleute, sondern auch Personen, die in eheähnlicher Gemeinschaft leben, haben die Möglichkeit, sich in einem gemeinsamen Vertrag zum »Familienpreis« zu versichern. Das ist sinnvoll, weil Ansprüche gegeneinander in diesem Fall sowieso nicht möglich sind und so ein Beitrag gespart wird.

Der Vertrag gehört auch hier der Person, die ihn abgeschlossen hat, das heißt, er oder sie kann diesen Vertrag auch kündigen, ohne daß eine bisher mitversicherte Person darüber informiert wird (vgl. Abb. 14).

VHV
Vereinigte Haftpflicht Versicherung

Versicherungsverein auf Gegenseitigkeit in Hannover

Postanschrift: Postfach 2 67 · Constantinstr. 40 · 3000 hannover 1
Telefon (05 11) 6 07-0 · Telex (05 11) 6 07 42 12
Kernarbeitszeit 9.00–15.oo Uhr
Postgiroamt hannover (BLZ 25010030) 12800-308
NORD/LB Hannover (BLZ 25050000) 101021921

Versicherungsschein-Nr.
Bitte stets angeben

▶

❶

Versicherungsschein (Neuausfertigung) zur
Privat- und Sport-Haftpflichtversicherung

Änderungsbeginn   02.12.91, 0 Uhr
Versicherungsablauf   01.01.93, 0 Uhr   **❷**
Der Vertrag verlängert sich jeweils stillschweigend um ein Jahr, wenn nicht drei Monate vor dem
jeweiligen Ablauf der anderen Partei eine schriftliche Kündigung zugegangen ist.
Versichert ist die gesetzliche Haftpflicht des Versicherungsnehmers auf der Grundlage des Antrages.
Im einzelnen ergibt sich der Versicherungsumfang aus diesem Versicherungsschein und den hierin
genannten Anlagen.
Deckungssummen in DM
       2 000 000 pauschal für Personen- und sonstige Schäden (Sach- und Vermögensschäden),
❸   für Vermögensschäden – ausgenommen Gewässerschäden – jedoch höchstens
       100 000

UNR   Jahres-
                                                                          Beitrag DM
101 Privathaftpflicht   **❹**   83,00
102*ETW   24,00
                                     Gesamtbetrag   107,00
                                     10 % Versicherungsteuer   10,70
                                     Endbetrag   117,70
Der angeführte Endbetrag ist künftig am 01.01. fällig.
Bei den mit * gekennzeichneten UNR sind Änderungen beurkundet.
Beitragsrechnung   DM
Alter Kontostand zu unseren Gunsten   91,30
Für die Zeit vom 02.12.91 bis 01.01.93   28,50
                                     Zu zahlender Betrag   119,80
Dieser Betrag ist sofort nach Erhalt des Versicherungsscheines, spätestens bis zum
21.01.92 bei dem Versicherer einzuzahlen.
A n l a g e n: Satzung, H001, H002
Die nicht beigefügten Anlagen liegen Ihnen bereits vor.
Hinweise/Erläuterungen
Die Dokumentierung erfolgte auf Grund beantragter Vertragsveränderung.
Bitte teilen Sie uns noch die Anschrift der versicherten Eigentumswohnung
mit.
****

Vereinigte Haftpflichtversicherung V.a.G.   Beachten Sie bitte auch die Hinweise auf der Rückseite!

                                       6 / 4899

❶ Vertragsinhaberin
❷ Kann drei Monate vorher gekündigt werden
❸ Sollte mindestens vereinbart werden
❹ Wenn da nicht Single steht, gilt für sie die gesamte Familie

Quelle: VHV-Police

Abbildung 14: Familien-Haftpflichtversicherung

⑧ *Kfz-Versicherung*

Hier spielt es keine Rolle, wer das Auto tatsächlich fährt, sondern nur, auf wessen Namen der Vertrag läuft. Auch wenn der Vertragsinhaber oder die Vertragsinhaberin keinen Kilometer selbst mit dem Auto fährt, wird nur ihm beziehungsweise ihr der Schadensfreiheitsrabatt gutgeschrieben. Die Logik ist also etwas anders als bei anderen Versicherungen, denn der Vertrag ist an das angemeldete Auto gebunden.

Wird dieses verkauft oder verschenkt, gilt auch der Vertrag nicht mehr. Der Schadenfreiheitsrabatt kann aber vom Vertragsinhaber oder der Versicherungsinhaberin auf das nächste Auto oder die Ehefrau übertragen werden (vgl. Abb. 15).

Kopie für Agentur

VERSICHERUNGSSCHEIN
Kraftfahrzeug-Versicherung

für **❶**

Versichert ist das Fahrzeug von Frau

Versichertes Fahrzeug	Fahrzeugart:	PKW
	Hersteller:	RENAULT
	KW:	55
	Amtl. Kennzeichen:	
	Fahrgestell-Nr.:	
	Versicherungsbeginn	01.01.1995, 00.00 Uhr
	Versicherungsablauf	01.01.1996, 00.00 Uhr **❷**

Änderung gültig ab   02.01.95   **Änderungsgrund:** Berichtigung Schadenfreiheitsrabatt

Der Versicherungsvertrag verlängert sich von Jahr zu Jahr um ein weiteres Jahr, wenn nicht drei Monate vor Ablauf der anderen Partei eine schriftliche Kündigung zugegangen ist.

Versicherungsumfang
❸

Beitrag bei
vierteljährlicher
Zahlungsweise
in DM

Kraftfahrzeug-Haftpflichtversicherung

Deckungssummen:	unbegrenzte Deckung: bei Personenschäden Deckungssumme DM 7 500 000 je geschädigte Person.		
Tarifgruppe:	R 5	Klasse:	SF 5
Tarifbeitrag jährlich:	DM 1170,90	Beitragssatz: 60 %	184,40

Fahrzeugversicherung

Deckungsumfang:	Vollkasko mit DM 650 Selbstbeteiligung		
	Teilkasko mit DM 300 Selbstbeteiligung		
Tarifgruppe:	R 5	Klasse:	SF 5
Typ-Klasse:	17		
Tarifbeitrag jährlich:	DM 1172,40	Beitragssatz: 65 %	297,30

❹

Gesamtbeitrag
einschließlich Versicherungsteuer   **481,70**

Dieser Versicherungsschein ersetzt alle bisher ausgefertigten Versicherungsscheine.

Vertragsabstimmungen
Die gegenseitigen Rechte und Pflichten regeln sich nach dem Antrag, den Versicherungsbedingungen (AKB), Sonderbedingungen, Tarifbestimmungen, Klauseln und gesetzlichen Bestimmungen.

Augsburg, den 0202.95   SCHWEIZ DIREKT Versicherung AG

                                                   S. Gabriel   W. Capellmann

❶ VertragsinhaberIn
❷ Kann zu jedem 1. des Jahres gekündigt werden
   und in anderen Fällen auch
❸ Versicherungsinhalt
❹ Schadenfreiheitsrabatt gehört dem/der VertragsinhaberIn

Quelle: tellit-Police (ehem. SchweizDirekt)

Abbildung 15: Kfz-Versicherung

⑨ *Hausratversicherung.*

Hier ist der Hausrat (d. h. alles, was bei einem Umzug mitgenommen werden kann) gegen Feuer, Einbruch/Diebstahl sowie gegen Schäden durch Leitungswasser, Sturm/Hagel und Vandalismus versichert (gilt für Verträge ab 1984). Der Vertrag ist nicht an den versicherten Hausrat gebunden, sondern an die Person, die den Vertrag abgeschlossen hat (vgl. Abb. 16).

Gothaer

HAUSRAT-VERSICHERUNG

Nr.
VERSICHERUNGSSCHEIN vom 05.04.1994

Versicherungsbank WaG

Niederlassung Frankfurt
60425 Frankfurt
Telefon (0 69) 5 80 95-0

2110

VERSICHERUNGSNEHMER   KUNDENDIENST

❶

Beginn am 15.04.1994 12 Uhr

Ablauf am 15.04.1997 12 Uhr **❷**

Die Versicherung verlängert sich stillschweigend von Jahr zu Jahr,
wenn nicht drei Monate vor dem Ablauf der vereinbarten
Vertragslaufzeit der anderen Partei eine schriftliche Kündigung
zugegangen ist.

Versicherungsort:

Versicherte Gefahren

Brand, Blitzschlag, Explosion
Einbruchdiebstahl, Raub, Vandalismus **❸**
Leitungswasser
Sturm, Hagel

Versicherungssumme: **❹** 63 000 DM

Hausrat zum Neuwert

Jahresbeitrag einschließlich
gesetzlicher Versicherungsteuer (zur Zeit 11,6 %)   97,80 DM

Auf die Möglichkeit einer Beitragsangleichung (§ 16 Nr. 2 VHB 92) wird hingewiesen.

Vertragsbestimmungen:

Die gegenseitigen Rechte und Pflichten regeln sich nach dem Antrag, den
gesetzlichen Bestimmungen.

der Anlage zum Versicherungsschein mit der Satzung der Gothaer Versicherungsbank
(Vordruck A 800, Stand 01/91 – beigefügt –)

den Allgemeinen Hausratversicherungsbedingungen (VHB 92)
(Vordruck A 801/6, Stand 01/93 – beigefügt –)

| Beitragszahlung |

Beitragszahlung für ein Jahr im voraus.
Der Jahresbeitrag einschließlich Gebühr und gesetzlicher Versicherungsteuer beträgt
98,40 DM und ist jeweils am 15.04. fällig.

Ausgefertigt am 05.04.1994

GOTHAER
Versicherungsbank VVaG

Mund Jeidlr

An den rot kenntlich gemachten Stellen weicht der Versicherungsschein von dem
Antrag ab. Die Abweichungen gelten als genehmigt, wenn nicht innerhalb eines
Monats nach Empfang des Versicherungsscheines schriftlich widersprochen wird.

V6

❶ VertragsinhaberIn
❷ Vertragslaufzeit – kann drei Monate vorher gekündigt werden
❸ Versicherungsschutz
❹ Versicherungssumme

Abbildung 16: Hausratversicherung

⑩ *Rechtsschutzversicherung*

Der Vertrag gehört dem Vertragsinhaber beziehungsweise der Vertragsinhaberin. Solange eine Ehe oder ein eheähnliches Verhältnis besteht, ist der jeweilige Partner kostenfrei mitversichert (vgl. Abb. 17).

KOPIE FÜR GES 900 ...

Neue **R**echtsschutz-**V**ersicherungsgesellscahft Aktiengesellschaft

Augustaanlage 25
68165 Mannheim
Vermittelt durch:

Vereinigte
Haftpflichtvers. VAG
Constantinstr. 40
30177 Hannover

❶

Mannheim, den 07.01.1996   Seite 01

VERSICHERUNGSSCHEIN zur

RECHTSSCHUTZ-VERSICHERUNG NR.   – bitte stets angeben

Vertragsbeginn 01.01.1996 12.oo Uhr   Vertragsablauf 01.01.1997 12.00 Uhr **❷**
Zahlungsweise 1/1 -jährlich.   Deckungssumme je Versicherungsfall 200 000 DM
Beitragsklasse Normal   **❸**
Gewerbe/Art der Tätigkeit: Dienstleistung und Service

VERTRAGSINHALT   ANZAHL RISIKEN   JAHRESBEITRAG
❹

Privat-, Berufs- und Verkehrs-RS für Selbständige   1   465,90 DM
(§ 28 Abs. 1, 2, 3a, 4–6 ARB)
– für das im Versicherungsschein genannte Gewerbe –
Es gilt eine Selbstbeteiligung für jeden Versicherungsfall in Höhe von 300,– DM (§ 5 Abs. 3c ARB).
Der Beitrag richtet sich nach der Zahl der Beschäftigten.
Steigt die Zahl der Beschäftigten auf über 20, so kann
das Vertragsverhältnis mit Zustimmung der NRV zu einem
erhöhten Jahresbeitrag fortgesetzt werden.

Es gelten: die ARB 1994

❶ VertragsinhaberIn
❷ Drei Monate vor diesem Termin kann gekündigt werden
❸ Versicherungssumme
❹ Versicherungsschutz

I430I 612 000400 9048354
Sitz: Handelsregister: Vorsitzender des Aufsichtsrates: Vorstand: Fortsetzung Seite 2
Mannheim   Amtsgericht Mannheim HRB 179   Hans Schreiber   Dipl.-Volkswirt Anton Frisch (Sprecher)
                                                                                   Ass. jur. Rolf Gärtner
                                                                                   Dr. Georg Kayser

Quelle: Vereinte Versicherungen

Abbildung 17: Familien-Rechtsschutzversicherung

Soweit also die Hinweise für die einzelnen Versicherungen, was die Vertragsgestaltung angeht.

Sie können nun anhand der folgenden Check-Liste
eine Zusammenstellung für jeden vorhandenen Versicherungsvertrag anfertigen.

Schnell-Check-up für Ihre Vertragsunterlagen

① Wer ist VersicherungsnehmerIn?

....

(Die Person, an die die Post gerichtet wird und die in der Police als VertragsinhaberIn auftaucht.)

② Wer ist versicherte Person?

....

(Das ist die Person, auf deren Leben, z. B. bei einer Lebensversicherung, der Vertrag abgeschlossen ist.)

③ Wie hoch ist die Versicherungssumme?

....

(Die Versicherungssumme gibt Auskunft über die Höhe der Leistung. Bei der Lebensversicherung könnte das die Todesfall-Leistung sein. Bei der Hausratversicherung der Höchstbetrag, der bei einem Schaden gezahlt wird.)

④ Wie hoch ist der Beitrag (jährlich/vierteljährlich oder monatlich)?

....

⑤ Welche Leistungen werden zugesagt?

....

(Die Versicherungen sind teilweise so unverschämt und

setzen in die Versicherungsscheine nur ihre firmeneige-
nen Kürzel ein. So wird ein Krankentagegeld bei einem
Unternehmen mit KT43 abgekürzt und beim anderen
mit FT43 oder VT43. Andere Leistungen sind noch
mehr verschlüsselt. Beispielsweise kann SII/10 bedeu-
ten, daß ein Krankenhaustagegeld abgeschlossen
wurde. Schreiben Sie also hinter jede Bezeichnung den
tatsächlichen Schutz. Nur so können Sie entscheiden, ob
er für Sie wichtig ist.)

⑥ An wen werden die Leistungen ausgezahlt?
....
(Beispiel: bei einer Lebensversicherung im Todesfall
an:)

⑦ Wie sieht die Vertragslaufzeit aus?
....
(Im Versicherungsschein [Police] steht immer der Beginn und das Ende der Versicherung. Bei Versicherungen, etwa Haftpflichtversicherungen, verkaufen man-
che Unternehmen immer noch Zehnjahresverträge.
Wenn diese nicht drei Monate vor Ablauf gekündigt
werden, verlängern sie sich automatisch wieder um ein
weiteres Jahr.)
Beginn:...
Ablauf:...

⑧ Stimmt die Adresse noch?
....
(Der Versicherung muß jeder Umzug gemeldet werden.)

⑨ Stimmt der »Status« noch?

. . . .

(Wenn die Versicherung für den öffentlichen Dienst abgeschlossen worden war und dieser Status nicht mehr
relevant ist, muß das gemeldet werden. Das gilt auch,
wenn Sie nach der Scheidung von einem Beamten die
Verträge weiterlaufen lassen, bei denen ein Rabatt für
Beamte eingerechnet worden war.)

So, nun haben Sie die wichtigsten Daten erfaßt und
können weitere Schritte einleiten.

Wie sieht meine Versicherungssituation bei Trennung oder Scheidung aus?

Krankenversicherung

Eine der wichtigsten Fragen im Bereich der Vorsorge lautet immer: »Wie bin ich abgesichert, wenn ich krank bin?« Die Antwort kann sehr unterschiedlich ausfallen. Sie könnte lauten: »Sehr komfortabel! Meine Kasse übernimmt sowohl die Kosten des Arztes – egal, wie hoch er seine Leistung ansetzt – und natürlich auch für jedes teure Medikament«. Eine andere Antwort könnte sein: »Meine Kasse zahlt alles, was medizinisch erforderlich ist – ich verfüge also über einen Basisschutz.« Doch gleichgültig, wie die Antwort auch ausfällt, wichtig ist, daß ein ausreichender Schutz vorhanden ist, wenn Kosten für eine Erkrankung anfallen. Die Krankenversicherung ist in jedem Fall unentbehrlich, denn die Höhe der Kosten ist nicht absehbar. Sie können leicht in den fünfstelligen Bereich gehen.

So steht das Thema »Krankenversicherung« auch ganz oben auf der Liste, wenn es um den Schutz in der Trennungszeit und nach der Scheidung geht.

Merke: Am besten wird alles in diesem Zusammenhang geklärt, bevor ein Schritt in diese Richtung unternommen wird. Immer wieder erlebe ich im Beratungsgespräch, daß die Frau, die zu mir kommt, nicht weiß, welch gravierende Änderungen es geben kann, wenn sich ihre Situation ändert, und daß diese für sie finanziell untragbar werden können.

Beispiel: In der Ehe waren die Aufgaben klar verteilt. Frau Sabine M. war für den Haushalt zuständig, und ihr Mann verdiente als Beamter das Familieneinkommen. Als die Kinder alt genug waren, wollte Frau M. wieder ins Berufsleben einsteigen. Da sie bereits 49 Jahre alt war, scheiterten die ersten Versuche. Sie gab auf, zumal auch ihr Mann es als bequemer ansah, wenn sie weiterhin den Haushalt versorgte.

Zwei Jahre später wurde die Ehe geschieden. Von ihrer Anwältin hatte Frau M. erfahren, daß die Beihilfe, die sie bis dahin aufgrund des Beamtenverhältnisses ihres Mannes erhalten hatte, entfallen würde, sobald die Scheidung rechtskräftig sei, und sie sich dann selber um ihren Versicherungsschutz kümmern müsse. Sie kam also zu mir zur Beratung und war geradezu entsetzt, als ich ihr die neue Krankenversicherungssituation erläuterte.

In ihrer Ehe war sie zur Hälfte privat versichert gewesen, die andere Hälfte der Leistungen wurde von der Beihilfe ihres Mannes übernommen. Ein sehr günstiges Modell. Jetzt, da die Beihilfe (bei den Staatsdienern übernimmt der Arbeitgeber einen Teil der Krankheitskosten) weggefallen war, mußte sie die zweite fehlende Hälfte auch noch bei der privaten Krankenversicherung absichern. Da das aktuelle Eintrittsalter für diesen zusätzlichen Schutz nun zugrunde gelegt wurde, betrug ihr Beitrag stattliche 860 Mark im Monat. Nein, das könne sie nicht bezahlen, da sei ja über die Hälfte des Unterhaltes bereits aufgebraucht, warf sie erschrocken ein. Wovon solle sie dann leben?

Sie wollte daher zurück in die gesetzliche Krankenversicherung, in der sie vor der Ehe war. Schließlich hatte sie sich das Modell über die Beihilfe nicht ausgesucht. Sie war nicht gefragt worden, ob sie diese Art der Versicherung wollte oder nicht. Niemand hatte ihr erklärt, was da nach einer Scheidung auf sie zukommen könnte.

Ich habe in diesem Fall versucht, eine günstigere private Krankenversicherung für sie zu finden. Es war aber nicht möglich, denn wegen verschiedener Vorerkrankungen wäre sie mit Risikozuschlägen überall auf einen ebenso hohen Beitrag gekommen. Sie mußte somit bei der alten Versicherung bleiben, da diese aufgrund der Vorversicherung auf eine Gesundheitsprüfung verzichtete.

Dies ist nur ein Beispiel von vielen. Auch Frauen, die ihren Mann bei der Ausübung seines Berufes ins Ausland begleiten, erleben manchmal eine böse Überraschung, wenn sie sich von ihrem Mann trennen. Für den Auslandsaufenthalt kann es viele Gründe geben. Denkbar wäre etwa, daß ein deutscher Arbeitgeber dem Ehegatten diese Chance gab, damit er in einem anderen Land einen lukrativen Job übernehmen konnte. Solange die Frau mit dem Mann im Ausland lebt, ist sie über den deutschen Arbeitgeber dort auch versichert. Kommt sie ohne ihren Mann nach Deutschland zurück, weil die beiden sich getrennt haben, steht sie erst einmal ohne Schutz da. Der Familienschutz gilt immer nur so lange, wie der Mann im Ausland arbeitet. Und auch nur dort. Die Frau fängt also in Deutschland ganz von vorn an und hat nur dann, wenn sie ein sozialversicherungspflichtiges Arbeitsverhältnis eingehen kann, die Möglichkeit, sich in der gesetzlichen Krankenversicherung zu versichern.

Daß Frauen, die nicht selber berufstätig sind, in vielen Fällen nach der Scheidung sehr schlecht dastehen, kommt häufig vor und trifft nicht nur auf Ehefrauen von Beamten und bei Auslandsaufenthalten zu.

Viele gut verdienende Männer, Angestellte und Unternehmer, wechseln irgendwann mit der ganzen Familie von der gesetzlichen zur privaten Krankenversicherung. Das aktuelle Einkommen läßt das ja auch zu.

Doch so sieht es dann in vielen Fällen bei den Selbständigen nach der Scheidung aus!

Auch wenn vorher seine Firma gut lief, ist plötzlich kein Geld mehr vorhanden und der angebotene Unterhalt minimal. Die Frau, die bis dahin ihre Arbeitskraft in die Firma eingebracht und zusätzlich noch die Familienarbeit übernommen hat, steht nun nach der Scheidung ohne Arbeitsplatz und mit einem geringen Unterhalt da: Ihr Arbeitsverhältnis in der Firma ihres Mannes war auf der Basis eines nicht-versicherungspflichtigen Einkommens vereinbart. Findet sie eine neue versicherungspflichtige Anstellung unterhalb der Beitragsbemessungsgrenze (1996 lag diese bei einem Jahreseinkommen von 72 000 Mark), so wird sie krankenversicherungspflichtig und kann wieder in die gesetzliche Krankenversicherung zurück. Dort bleiben kann sie jedoch nur, wenn sie weiterhin mindestens ein Jahr lang versicherungspflichtig ist.

In vielen Fällen können diese Frauen aber nur in sogenannte Geringfügig-Beschäftigten-Arbeitsverhältnisse einsteigen, bei denen das ganze Sozialversicherungssystem nicht greift, und sie müssen trotz des Mini-Einkommens (1996 lag der Satz bei 590 Mark) in der privaten Krankenversicherung bleiben.

Hat die Frau Glück, ist sie dann bei einem Versicherungsunternehmen krankenversichert, das ihr die Möglichkeit bietet, durch eine hohe Selbstbeteiligung – d. h. einen Teil der im Jahr anfallenden Kosten übernimmt sie selber – den Beitrag bezahlbar zu halten.

Beispiel: Hannelore G. war auch nach der Heirat als freiwilliges Mitglied in der gesetzlichen Krankenversicherung geblieben. Einige private Zusatzversicherungen deckten die Lücken, die beim gesetzlichen Schutz vorhanden waren, ab. Sie ließ sich leider von ihrem Mann überzeugen, daß es günstiger für sie sei, den gesetzlichen Schutz aufzugeben und als Ehefrau den Sondertarif für Ärzte in der privaten Krankenversicherung zu nutzen. Rein rechnerisch war das für die Ehezeit wirklich ein sehr gutes Modell. Nach der Scheidung erhielt sie von der privaten Krankenversicherung die Nachricht, daß der Sondertarif für Ärzte jetzt keine Gültigkeit mehr habe. Eine Umstellung auf den »Normaltarif« sei jetzt erforderlich.

Hannelore G. sollte nun 910 Mark zahlen. Sie hat mittlerweile den Schutz auf ein Minimum reduziert und ist jetzt bei einem Monatsbeitrag von 605 Mark angelangt. Frau G. bereut sehr, daß sie sich zu einem Ausstieg aus der gesetzlichen Kasse hat überreden lassen.

Kündigung durch den Vertragsinhaber ohne
Wissen der Ehefrau
Eine Anfrage bei der gesetzlichen Krankenversicherung ergab, daß eine Information der mitversicherten Familienmitglieder nicht erfolgt, wenn der Hauptversicherte – in den meisten Fällen der Ehemann oder Vater – die Versicherung kündigt. Das Argument: Eine Benachrichtigung der mitversicherten Familienmitglieder würde einen zu hohen Verwaltungsaufwand erfordern.

Wie wichtig so eine Information aber sein kann, zeigt folgender Fall, der nicht denkbar wäre, wenn die GKV einer Informationspflicht unterläge.

Beispiel: Nach der Scheidung wurde von Sabine Z. mit dem Ehemann vereinbart, daß das Kind beim Vater weiterhin beitragsfrei in der GKV mitversichert bleibe. Das Verhältnis der Tochter zum Vater war jedoch nicht besonders gut. Als die Tochter einen Fahrradunfall hatte und ins Krankenhaus kam, stellte sich heraus, daß der Vater schon vor längerer Zeit die gesetzliche Krankenversicherung einfach gekündigt und sich allein privat versichert hatte. Es bestand also kein Versicherungsschutz für das Kind. Die Kasse gab zur Antwort, daß die Vorgehensweise des Vaters zwar aus ethischen Gründen nicht korrekt gewesen sei, aber rechtlich habe er sich nichts zuschulden kommen lassen.

Merke: Eine Informationspflicht besteht eben nicht, wenn es sich um eine gekündigte Familien-Versicherung in der GKV handelt.

Anders als in der GKV kann es der Frau während der Trennungs- oder Scheidungsphase in der privaten Krankenversicherung nicht passieren, daß der Mann diese kündigt, weil er ja der Vertragsinhaber ist und die Familienmitglieder in seinem Vertrag »nur« die mitversicherten Personen sind. Zum Schutz der mitversicherten Personen haben die privaten Krankenversicherungen in ihren Bedingungen folgenden Satz aufgenommen: »Kündigt der Versicherungsnehmer das Versicherungsverhältnis insgesamt oder für einzelne versicherte Personen, haben die versicherten Personen das Recht, das Versicherungsverhältnis unter Benennung des künftigen Versicherungsnehmers fortzusetzen. Die Erklärung ist innerhalb zweier Monate nach der Kündigung abzugeben. Die Kündigung ist nur wirksam, wenn der Versicherungsnehmer nachweist, daß die betroffenen versicherten Personen von der Kündigungserklärung Kenntnis erlangt haben.«

Wie solidarisch ist die Gemeinschaft?
Es wird immer von der Solidargemeinschaft der Krankenversicherten gesprochen, die diejenigen auffängt, die in Not sind. Wie stellen Sie sich eine solche Solidargemeinschaft vor?

Ich denke da an eine Gemeinschaft, in die Gutverdienende viel einzahlen und die, die sehr wenig oder gar nichts verdienen, auch ohne Beitrag dort versichert sind. Ganz so ist es aber nicht. Es stimmt, daß die, die viel verdienen, enorm hohe Beiträge einzahlen. Wie sieht es aber mit denen in Not aus, denen also, die nichts oder nur geringfügig verdienen (die Grenze lag 1996 bei 590 Mark monatlich)?

Die »Solidargemeinschaft« mißt hier ohne Zweifel mit zweierlei Maß. Hier ein paar Beispiele, die prinzipiell zwar auch für Männer gelten können, ich habe aber noch keinen betroffenen Mann kennengelernt.

Beispiel 1: Elke Sch. ist immer in der privaten Krankenversicherung (PKV) versichert gewesen und heiratet dann einen Mann, der in der gesetzlichen Krankenversicherung (GKV) ist. Sie gibt ihren Beruf auf und verdient maximal nur noch 590 Mark im Monat (GeringverdienerInnen – Grenze 1996 – Abschaffung im Gespräch) beziehungsweise gar nichts. Sie ist weiterhin kostenfrei in der GKV mitversichert. Die Solidargemeinschaft *nimmt sie voll auf.*

Beispiel 2: Hannelore L. wird geschieden. In der Ehe war sie über den Vertrag ihres Mannes in der PKV ver-

sichert. Sie verdient nach der Scheidung nichts und
möchte in die GKV. Die Solidargemeinschaft *nimmt sie
nicht auf.* Das System funktioniert also nur bei Heirat
und nicht bei Scheidung, obwohl die geschiedene Frau
Beitrag bezahlen würde und die Ehefrau gratis versichert ist, auch wenn ihr Ehemann ein Einkommen von
beispielsweise 160 000 Mark im Jahr hat.

Beispiel 3: Der Mann ist in der GKV pflichtversichert.
Er verdient unterhalb der Bemessungsgrenze, d. h. im
Jahr nicht mehr als 72 000 Mark. Seine Ehefrau Helga
B., ohne eigenes Einkommen, ist kostenfrei mitversichert. Besteht diese Ehe bis zum Rentenalter, können
beide auch dann in der Krankenkasse für RentnerInnen
bleiben. Es wird zu diesem Zeitpunkt nur der halbe Beitrag erhoben, der sich an der gesetzlichen Rente orien-
tiert. Also ein Schlaraffenland? Aber nur für pflichtversicherte RentenerInnen.

Hält die Ehe nicht so lange, kann Helga B. nach der
Scheidung sich zwar freiwillig in der GKV weiterversi-
chern, im Rentenalter wird sie aber benachteiligt. Sie
zahlt dann, wie die Pflichtversicherten, den halben Beitrag – Berechnungsbasis ist auch hier die gesetzliche
Rente – in die Krankenversicherung ein. Zusätzlich muß
sie von allen Einkünften, die sie hat (Mieteinnahmen,
Zinsen, private Vorsorge) den vollen Krankenversicherungsbeitrag (bis zur Bemessungsgrenze der GKV)
übernehmen.

Gehen wir einmal davon aus, daß ihr Exmann im Rentenalter eine gesetzliche Rente von 3000 Mark hätte und
der Krankenversicherungssatz bei 13,5 Prozent läge.
Dann würde er monatlich für seine Krankenversicherung
die Hälfte des Beitrages – also 202,50 Mark – zahlen.
Alles, was er sonst noch an Einnahmen im Alter hätte –

seine private Rente, Mieteinnahmen, Zinseinnahmen etc. – bliebe unberücksichtigt. Sein Gesamt-Krankenversicherungsbeitrag läge im Monat bei 202,50 Mark.

Helga B. erhält eine gesetzliche Rente von 1000 Mark. Dafür zahlt sie auch nur den halben Beitrag – also 67,50 Mark im Monat. Sie hat bis zum Rentenalter jeden Pfennig zurückgelegt, da sie von der gesetzlichen Rente nicht einmal die Miete bezahlen könnte. Sie bekommt noch Zinsen von monatlich 500 Mark und eine private Rente von 1000 Mark. Aus einer geerbten kleinen Wohnung erhält sie noch monatlich 1000 Mark Miete. Für diese zusätzlichen Einnahmen zahlt sie den vollen Beitragssatz, in diesem Beispiel: 337,50 Mark plus 67,50 Mark. Ihr Gesamt-Krankenversicherungsbeitrag beläuft sich im Monat auf 405 Mark. Hierin steckt eine enorme Ungerechtigkeit: Der Exmann hat höhere Einnahmen und zahlt trotzdem erheblich weniger Krankenversicherungsbeiträge als seine ehemalige Frau.

Was ist zu tun?
Solche Ungerechtigkeiten wird man niemals beseitigen können, wenn Frauen nicht selber aktiv werden und immer wieder auf diese Lücke im Gesetz hinweisen. Eine neue Chance dazu bietet die »Gesundheitsreform 2000«. Hier müssen die Frauenorganisationen sich stark machen und Einfluß nehmen.

Auch Frauen aus dem »*Arbeitskreis Versicherungs- und Finanzexpertinnen für Frauen bundesweit*« haben es sich deshalb zur Aufgabe gemacht, Frauen im Vorfeld zu informieren. Sie treffen sich regelmäßig, um ihr Wissen und ihre Erfahrungen auszutauschen. In Vorträgen weisen sie darauf hin, wie wichtig es ist, sich mit der eigenen Versicherungssituation auseinanderzusetzen. Einige von ihnen arbeiten in Gremien mit, die für die Belange von Frauen eintreten.

Auch andere Institutionen befassen sich intensiv mit dem Thema: »Die Krankenversicherungssituation von Frauen bei Trennung und Scheidung.« Der Fachausschuß »Sozialversicherungsrecht/Sozialversicherungspolitik« des Bayerischen Landesfrauenausschusses (LFA), in dem auch ich mitarbeite, hat sich beispielsweise die Aufgabe gestellt, die Situation der Frauen bei Trennung und Scheidung zu verändern. Die Forderungen des LFA sehen folgendermaßen aus:

Stellungnahme des Bayerischen Landesfrauenausschusses zum Thema Gesundheitsreform 2000 – Auswirkungen von Trennung und Scheidung

Die Fachdiskussion zur »Gesundheitsreform 2000« war für den bayerischen Landesfrauenausschuß Anlaß, sich mit den Auswirkungen von Trennung und Scheidung auf den Krankenversicherungsschutz von Frauen auseinanderzusetzen.

Der Bayerische Landesfrauenausschuß erachtet folgende Punkte als besonders veränderungsbedürftig:

I. 1. Bei Kündigung der Versicherung durch den Versicherungsnehmer (i. d. R. der Familienvater) sollte in jeder Situation sichergestellt sein, daß die mitversicherten Familienmitglieder dies durch die Krankenkassen auch tatsächlich erfahren. Dies ist notwendig, damit die Familienangehörigen für ihre Weiterversicherung innerhalb der dafür vorgesehenen Fristen Vorsorge treffen können.

2. Die grundsätzliche Verpflichtung zur Übernahme der Krankenversicherungsbeiträge muß bei Festlegung der Gesamtunterhaltsverpflichtung im Scheidungsverfahren mit einbezogen werden. Dies ist selbst dann wichtig, wenn im Zeitpunkt der Scheidung Beiträge zur Krankenversicherung durch den Unterhaltspflichtigen nicht entrichtet werden können. Frauen sollten unter keinen Umständen auf die Abklärung ihrer Unterhaltsansprüche, insbesondere ihres Anspruchs auf Zahlung von Krankenversicherungsbeiträgen, verzichten.

3. Mit der Rechtskraft des Scheidungsurteils erlischt die Familienversicherung für die Frau. Sie muß sich jetzt selbst für den Krankheitsfall absichern. War der Ehemann bisher in der gesetzlichen Krankenversicherung versichert, so kann sie nunmehr freiwillig in der gesetzlichen Krankenversicherung Mitglied werden. Hierzu gibt es eigene Tarife (Hausfrauentarife/Selbständige) bei den verschiedenen Krankenversicherern. War der Ehemann in der privaten Krankenversicherung, so kann die Frau nicht in die gesetzliche Krankenversicherung eintreten, sondern muß sich selbst in einer privaten Krankenversicherung versichern. In seltensten Fällen sind Ausnahmen möglich.

Der Bayerische Landesfrauenausschuß fordert daher, daß im Falle einer Scheidung für die Frau die Möglichkeit geschaffen werden muß, Mitglied der gesetzlichen Krankenversicherung zu werden.

4. Da die Frau nach der Scheidung in der Regel nur

freiwilliges Mitglied in der gesetzlichen Krankenversicherung werden kann, bedeutet dies,
daß sie zum Zeitpunkt der Rente nicht in die
Krankenversicherung der Rentner (KVdR) aufgenommen wird. Die Beiträge zur Krankenversicherung im Alter richten sich dann nach ihrem
gesamten Einkommen.

*Der Bayerische Landesfrauenausschuß fordert
daher weiterhin, daß geschiedene Frauen das
Recht haben müssen, Mitglied der Krankenversicherung der Rentner (KVdR) zu werden.*

Diese Probleme existieren nicht, wenn Frauen einen eigenen Zugang zur gesetzlichen Krankenversicherung
haben.

II. Als Folge von Trennung und Scheidung werden
insbesondere viele Frauen und Kinder zu Sozial-
hilfeempfängern.

*Der Bayerische Landesfrauenausschuß fordert für
diese und alle anderen Sozialhilfebezieher einen
automatischen Zugang zur gesetzlichen Krankenversicherung zu eröffnen.*

Der Bayerische Landesfrauenausschuß hofft, durch
derartige Regelungen einer weiteren Entsolidarisie-
rung in unserer Gesellschaft entgegenwirken zu können.

Quelle: LFA (Sopo)

Abbildung 18: Forderungen

Der Fachausschuß »Sozialversicherungsrecht/Sozial-
versicherungspolitik« hat ein umfangreiches Papier erarbeitet, das als Leitfaden für Frauen in der Trennungs-

und Scheidungsphase dienen kann. Sie finden es am
Schluß dieses Kapitels (vgl. S. 77 ff.).

Wie verschafft man sich einen Überblick über
die Versicherungssituation nach einer Trennung
beziehungsweise Scheidung?
Ich möchte Ihnen anhand der beiden folgenden Grafi-
ken (vgl. S. 72 und S. 73) einmal optisch darstellen, wie
sich durch die Veränderung der Lebenssituation auch
die Versicherungssituation in der Krankenversicherung
verändert (vgl. Abb. 19 und 20.).

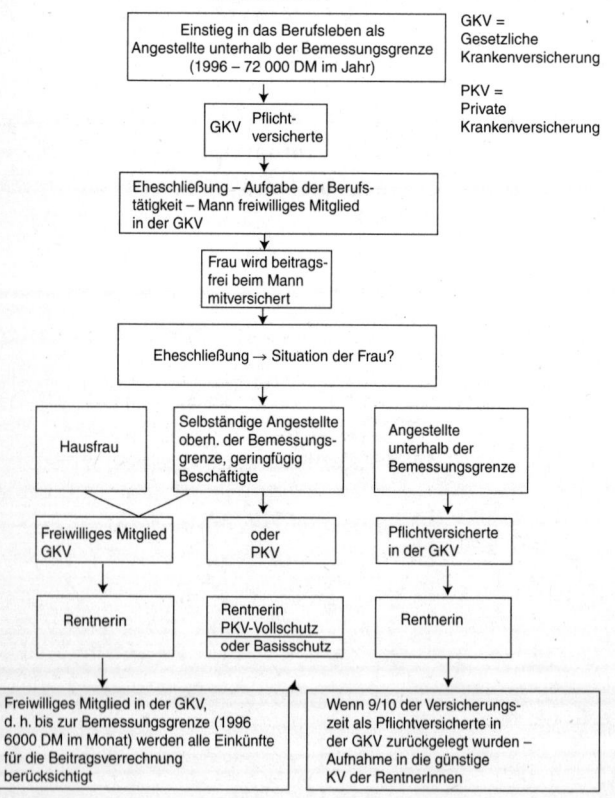

Frau nach Eheschließung
in der Familienversicherung
über den Ehemann mitversichert

· GESETZLICH ·

Einstieg in das Berufsleben als
Angestellte unterhalb der Bemessungsgrenze
(1996 – 72 000 DM im Jahr)

GKV = Gesetzliche Krankenversicherung

PKV = Private Krankenversicherung

GKV Pflichtversicherte

Eheschließung – Aufgabe der Berufstätigkeit – Mann freiwilliges Mitglied in der GKV

Frau wird beitragsfrei beim Mann mitversichert

Eheschließung → Situation der Frau?

Hausfrau

Selbständige Angestellte oberh. der Bemessungsgrenze, geringfügig Beschäftigte

Angestellte unterhalb der Bemessungsgrenze

Freiwilliges Mitglied GKV

oder PKV

Pflichtversicherte in der GKV

Rentnerin

Rentnerin PKV-Vollschutz oder Basisschutz

Rentnerin

Freiwilliges Mitglied in der GKV, d. h. bis zur Bemessungsgrenze (1996 6000 DM im Monat) werden alle Einkünfte für die Beitragsverrechnung berücksichtigt

Wenn 9/10 der Versicherungszeit als Pflichtversicherte in der GKV zurückgelegt wurden – Aufnahme in die günstige KV der RentnerInnen

Quelle: Svea Kuschel

*Abbildung 19: Die Situation nach Trennung
oder Scheidung (Version I)*

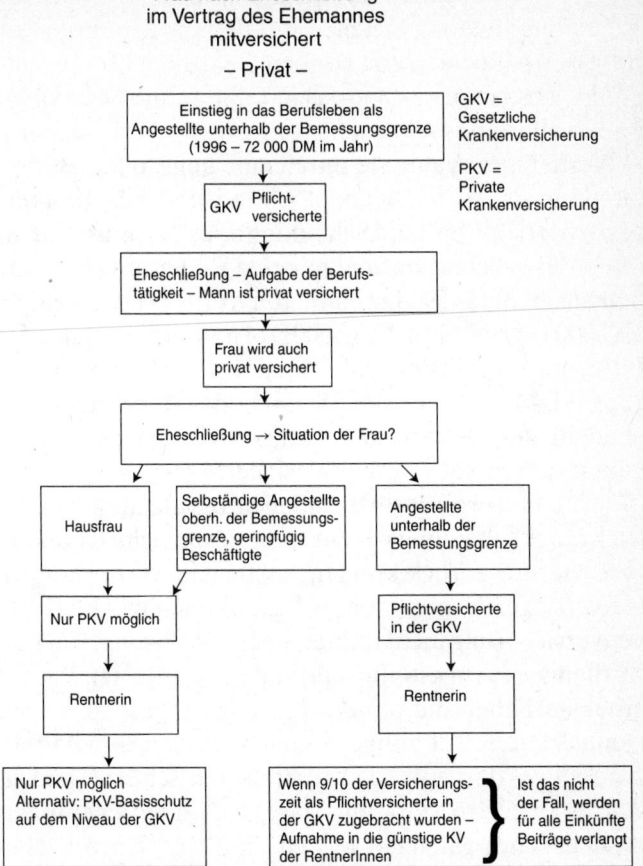

Quelle: Svea Kuschel

Abbildung 20: Die Situation nach Trennung oder Scheidung (Version II)

Sie werden sehen, daß Ihre berufliche Situation nach der Scheidung maßgeblichen Einfluß auf die Versicherungssituation hat. Jetzt denken Sie vielleicht: »So sieht es also aus, aber was hat das mit mir zu tun?« In vielen Fällen allerdings sehr viel.

Ausnahme: Wenn Sie durch eine angestellte Berufstätigkeit, die sozialabgabepflichtig ist, selber krankenversichert sind, hat eine Scheidung oder Trennung für Sie krankenversicherungsmäßig *keine* Bedeutung. Verdienen Sie mehr als 590 DM monatlich (1996) aber weniger als 6000 DM monatlich (72 000 DM im Jahr 1996) sind Sie Pflichtmitglied in der GKV. Liegt Ihr Einkommen über 72 000 DM im Jahr, sind Sie entweder freiwilliges Mitglied in der gesetzlichen Krankenversicherung, oder haben sich privat krankenversichert. Zwar halte ich es für dringend erforderlich, daß nichtberufstätige Frauen nach einer Scheidung wieder in die gesetzliche Krankenversicherung zurück können, auch wenn sie vorher privat versichert waren, dennoch ist die gesetzliche Krankenversicherung nicht immer die beste Lösung. Für gutverdienende Angestellte, und vor allem Selbständige, ist in vielen Fällen die private Lösung bedeutend besser. Denn: Viele Selbständige können sich, weil kein Arbeitgeber etwas dazu gibt, den gesetzlichen Schutz (Höchstbeitrag 1996: 816 Mark plus Tagegeld und Pflegepflichtversicherung) gar nicht leisten. Die Krankenversicherung ist in erster Linie ein Problem für Frauen, die nicht berufstätig sind, oder für Frauen, die einer selbständigen Tätigkeit mit einem sehr geringem Gewinn nachgehen.

Wichtig ist es, bei Unterhaltsverhandlungen den Krankenversicherungsbeitrag zu berücksichtigen, und zwar in der Höhe, in der er nach der Scheidung zu erwarten ist.

Hierzu die Anwältin Sigrid Koppenhöfer: »Der Unterhalt muß *unbedingt* in Teilbeträge aufgegliedert werden, da sich die Höhe der Beiträge für Kranken- und Rentenversicherung ändern kann.

Also, nach rechtskräftiger Scheidung sollten Sie einen Unterhalt verlangen, der sich aus Elementar-, Kranken- und Rentenversicherungsunterhalt zusammensetzt. Haben Sie etwa einen Pauschalbetrag von 2500 Mark mit zwei Kindern zur Verfügung, so schlüsselt sich dieser auf in:

1. Kindesunterhalt (zweimal)
2. Elementarunterhalt
3. Kranken- und Pflegeversicherung
4. Rentenversicherung.

Sie können in diesem Fall bei einer Veränderung der Einkommenssituation eine Abänderung des Unterhaltes ohne Schwierigkeiten durchführen, nicht aber, wenn eine Aufschlüsselung nicht fixiert ist.«

Übersicht – Zusammenhang zwischen Lebenssituation und Krankenversicherungsschutz
Um Ihre persönliche Situation zu analysieren, können Sie die folgende Auflistung benutzen, die der Fachausschuß »Sozialversicherungsrecht/Sozialversicherungspolitik« des Bayerischen Landesfrauenausschusses erarbeitet hat.

Die Aufteilung lautet folgendermaßen:
① Arbeits-/Lebensverhältnisse während der Ehe.
Wie sieht oder sah es während der Ehe aus?
War nur der Ehemann berufstätig, und hat die Ehefrau die Familienarbeit übernommen?

② Krankenversicherung während der Ehe.
Hier wird die Krankenversicherungssituation während der Ehe beschrieben.
③ Krankenversicherung während der Trennung.
Hier wird aufgezeigt, daß auch die Trennung Auswirkungen auf den Krankenversicherungsschutz haben kann.

Arbeits-/Lebensverhältnisse	KV während der Ehe
1) Ehemann berufstätig; GKV Ehefrau Hausfrau Kind unter 18 Jahren	§ 10 SGB V:* Frau und Kind sind in der Familienversicherung beitragsfrei versichert. Jeder Angehörige hat eine eigene Versichertenkarte, die die Mitgliedsnummer des Mietgliedes, also des Ehemannes, ausweist.

* Sozial-Gesetz-Buch

④ Krankenversicherung nach der Scheidung.
Die Scheidung ist der Punkt, an dem sich endgültig
die Krankenversicherungssituation verändern kann.
In welcher Form, wird hier erläutert.

Die folgende Tabelle entspricht dem heutigen Stand der
Erkenntnis und wurde mit Hilfe von Expertinnenge-
sprächen erstellt (vgl. Abb. 21).

KV während »getrennt lebend«	KV nach der Scheidung
Ehefrau und Kind sind weiterhin beitragsfrei familienversichert. Vorteil hier: Versichertenkarte; unterschiedliche Adressen von Mitglied und Familienversicherten sind möglich. Ehemann kündigt Mitgliedschaft; weder Frau noch Kind sind versichert. <u>aber:</u> § 9 Abs. 1 Nr. 2, Abs. 2 Nr. 2 SGB V: Antrag auf Weiterversicherung muß innerhalb von 3 Monaten nach Ausscheiden gestellt werden. Hier: Kulanz bei Krankenkassen üblich, wenn die 3 Monate überschritten werden. Wohl auch rechtlich notwendig, da die Versichertenkarte ja von den Familienangehörigen nicht eingefordert wurde und diese Karte letztendlich die Leistungsbereitschaft der Krankenkasse dokumentiert. Frau muß sich selbst versichern. Beitragshöhe: »Hausfrauentarif«. Kinder müssen sich selbst versichern (120,– bis 172,– DM monatlich).	Bei Rechtskraft des Scheidungsurteils kann Ehefrau die Kinder wieder kostenfrei mitversichern, weil eine eigenständige Versicherung der Frau in der GKV wieder existiert. Beitragsberechnung: prinzipiell: »Hausfrauentarif« aber: alle Zinseinnahmen und Unterhalt werden mit Beitragsberechnung herangezogen.

Arbeits-/Lebensverhältnisse	KV während der Ehe
2) Ehemann GKV Ehefrau GKV Kind beide gleiche Krankenkasse	Wahlrecht der Ehegatten: beide können wählen, wer das Kind mitversichert. Dies muß gegenüber der Krankenkasse erklärt werden. Im Regelfall ist dies der Dauerversicherte = Ehemann
3) wie 2), aber unterschiedliche Krankenkassen	siehe 2) Achtung: Höhe der Beitragszahlung spielt keine Rolle mehr seit 01.01.89
4) Ehemann Beamter; Verdienst unterhalb der KV-Beitragsbemessungsgrenze, Beihilfe + 30 % PKV Ehefrau: GKV	Kind kostenfrei bei Ehefrau GKV
5) Ehemann Beamter; Verdienst oberhalb der KV-Beitragsbemessungsgrenze, Beihilfe + 30 % PKV Ehefrau: GKV (Pflicht)	Kind nicht bei Frau kostenfrei, aber: eigene Mitgliedschaft des Kindes bei GKV der Ehefrau möglich, Beitrag nach Satzungsrecht der jeweiligen Kasse; ca. 120,– bis 172,– DM/Monat. Alternative: Kind zu 30 % bei PKV versichern (Rest Beihilfe); reines Rechenexempel

KV während »getrennt lebend«	KV nach der Scheidung
Hat Ehemann in andere GKV gewechselt, werden Beiträge erstattet, da ja automatisch wieder § 10 SGB V gilt. Hat Ehemann zu PKV gewechselt, kann Ehefrau in GKV gehen. Beitragshöhe: 1/2 Beitragssatz zur Höchstgrenze GKV.	
Wenn Kind bei Frau bleibt2 sinnvollerweise das Wahlrecht ändern und Kind bei Frau mitversichern. Dies führt dazu, daß keine Probleme bestehen, wenn Ehemann GKV verläßt und zu anderer GKV wechselt. Wenn Ehemann zu PKV wechselt, dann sind Kinder bei Mehrverdienendem beitragsfrei in der GKV. Wenn Mehrverdienender PKV, dann Kinder da mit Beitrag versichert. Wenn PKV Kind nicht versichert, dann GKV mit Beitrag.	Kind bei Ehefrau gem. § 10 SGB V mitversichert.
siehe 2)	siehe 2)
dito	siehe 2)
Für die Frau ändert sich nichts. Kinder: Je nach vorheriger Ausgestaltung: GKV freiwillig oder PKV + Beihilfe. Wenn Vater PKV kündigt: Kind hat nur Beihilfe oder: Kind mit eigenem Beitrag freiwillig in GKV	Frau hat die Wahl: Kind weiterhin Beihilfe + PKV über Vater oder Mitversicherung bei der Mutter GKV

Arbeits-/Lebensverhältnisse	KV während der Ehe
6) Ehemann Beamter, GKV Ehefrau Hausfrau Kind unter 18 Jahren	Verzicht auf Beihilfe; wie 1)
7) Ehemann Beamter, PKV Ehefrau Hausfrau Kind	Beihilfe + PKV für Frau und Kind
8) Ehemann Beamter, PKV über Beitrags- bemessungsgrenze Ehefrau GKV freiwillig. Kind unter 18 Jahren.	Kein Wahlrecht; Entscheidung richtet sich nach definitiven Bruttoeinkommen von Ehefrau und Ehemann. Wenn Frau höher verdient als Mann: Kind beitragsfrei mitversichert. Wenn Mann höher verdient: nur PKV für Kind möglich oder freiwilliges Mitglied GKV mit eigenem Beitrag
9) Ehemann im Ausland, Entsendung von Arbeitgeber aus der BRD: Ehefrau, Hausfrau; Versicherung nicht notwendig gem. § 17 SGB V	Wenn Frau ihn begleitet oder besucht: keine Versicherung nötig. Frau zu Hause: keine Versicherung. Aber: Normalerweise bleibt Mann in GKV, weil er sonst später in diese nicht wieder hin- einkommt. Wenn Ehemann GKV: siehe 1.
10) Ehemann im Ausland, Verdienst über Beitragsbemessungsgrenze Ehefrau arbeitet unterhalb Beitragsbe- messungsgrenze, GKV	Kinder werden nicht über Frau kostenfrei mitversichert. Für Kinder muß einzeln gezahlt werden, wenn sie nicht bei Vater im Ausland sind.

KV während »getrennt lebend«	KV nach der Scheidung
siehe 1)	siehe 1)
Beihilfe + PKV Wenn Ehemann PKV kündigt: keine Versicherung für Frau und Kind, nur Beihilfe.	PKV komplett für Frau und Kind. Kind kann aber auch weiterhin über Beihilfe + PKV versichert sein.
Wie »während der Ehe« Wenn Ehemann PKV kündigt: Nur Beihilfe für Kind oder freiwillig Mitglied GKV	siehe 1) Frau bleibt freiwillig GKV, Kind beitragsfrei
Frau und Kind nicht versichert. Wenn Ehemann GKV: Frau + Kind gem. § 10 SGBV	Bleibt nur PKV für Frau + Kind. Wenn Ehemann GKV: siehe 1
ändert sich nichts	Frau und Kind GKV. Kind beitragsfrei

Quelle: LFA (Sopo)

Abbildung 21: Versicherungssituation bei Trennung und Scheidung

Pflegeversicherung

Am 1.1.95 wurde die Pflicht-Pflegeversicherung einge-
führt. Jede Person, die in einer Krankenversicherung ist,
hat seitdem auch eine Basisabsicherung für den Pflegefall. Vorerst galt dieser nur für die Pflege im häuslichen
Bereich. Am 1.7.96 ist die zweite Stufe in Kraft getre-
ten, und jetzt besteht auch für die Pflege in einem Pflegeheim ein Versicherungsschutz.

Ehefrauen, die nur eine geringfügig beschäftigte Tätigkeit ausüben (1996 bis 590 Mark monatlich) oder gar
nicht berufstätig sind, sind in der Familienversicherung
der gesetzlichen Krankenversicherung beitragsfrei mitversichert. Kinder sind in jedem Fall beitragsfrei versichert. In der privaten Krankenversicherung wird für die
Ehefrau in einer solchen Lebenssituation der halbe Beitrag erhoben. Auch hier sind Kinder beitragsfrei mitversichert.

Was hat sich durch die Einführung der Pflege-Pflichtversicherung in den Familien geändert? An der Pflegesituation wenig. Nach wie vor werden es die Frauen sein,
die im häuslichen Bereich (80 Prozent der Pflegefälle
werden dort versorgt) die Verwandten betreuen. Die
Pflicht-Pflegeversicherung stellt aber eine gute finanzielle Hilfe dar (vgl. Abb. 22).

	Pflegesach-leistungen	Pflegegeld
Stufe I		
Erheblich Pflege-bedürftige	750 Mark	400 Mark
Stufe II		
Schwerpflegebedürftige	1800 Mark	800 Mark
Stufe III		
Schwerstpflege-bedürftige	2800 Mark	1300 Mark

Abbildung 22: Leistungen für die häusliche Pflege

Leistungen für die stationäre Pflege

Pflegebedingte Aufwendungen von maximal 2800 Mark im Monat werden übernommen. Unterkunft und Verpflegung müssen natürlich selber getragen werden, denn diese Kosten würden auch entstehen, wenn keine Pflegebedürftigkeit vorläge.

Die Pflege-Pflichtversicherung ist in jedem Fall nur eine Basisabsicherung. Jede einzelne Person muß sich fragen:»Wer pflegt mich, und was wird das kosten?« Ein Platz im Pflegeheim kostet heute nämlich bereits 5000 Mark und mehr im Monat.

Nach der Scheidung wird sich die Pflegesituation in jedem Fall ändern, denn in einer Ehe wird meistens davon ausgegangen, daß sich die Eheleute, wenn möglich, gegenseitig pflegen.

Und wie sieht es konkret nach der Scheidung aus, was die Beiträge angeht? – Wenn Sie nach der Scheidung in einem sozialabgabepflichtigen Arbeitsverhältnis beschäftigt sind, das heißt, als Angestellte mehr als

590 Mark monatlich verdienen, richtet sich der Beitrag
für die Pflegeversicherung bei der gesetzlichen Krankenversicherung nach Ihrem Einkommen. Haben Sie
nach der Scheidung kein versicherungspflichtiges Arbeitsverhältnis und waren sie vorher in der gesetzlichen
Krankenversicherung als Ehefrau kostenlos mitversichert, so können Sie als freiwilliges Mitglied bei dieser
Kasse bleiben und behalten auch den Pflegeversiche-
rungsschutz. Allerdings müssen Sie dann dafür einen
Beitrag zahlen. Sind sie privat versichert, wird dann
statt des halben Beitrags der gesamte Beitrag berechnet.

Private Zusatz-Pflegeversicherungen
Ist es also sinnvoll, eine zusätzliche Pflegeversicherung
nach der Scheidung abzuschließen? – Wenn die finanzielle Situation es zuläßt und nicht genügend andere
Rücklagen vorhanden sind, kann eine solche Absicherung sogar sehr sinnvoll sein.

Welche einzelnen Möglichkeiten bieten sich da im
einzelnen an? Zwei Modelle haben sich mittlerweile
durchgesetzt:

① *Die Pflegekostenversicherung.*
Hier ergänzt die Leistung der Zusatzversicherung die
gesetzliche Absicherung prozentual. Und zwar:
a) – Absicherung der Gesamtkosten bis zu 80 Prozent.
In diesem Fall können Sie beispielsweise vereinbaren,
daß immer 80 Prozent der gesamten Pflegekosten abgesichert sind. Die hier anfallenden Kosten müssen
nachgewiesen werden, und einige Unternehmen bezie-
hen in ihre Leistungen auch die Kosten für Unterkunft
und Verpflegung ein.

Diese Versicherung bietet den besten Schutz, weil sie auch den steigenden Kosten im Pflegebereich Rechnung trägt. Der Nachteil ist, daß steigende Kosten zwar auch steigende Leistungen nach sich ziehen, aber das führt auch unweigerlich zu steigenden Beiträgen. Auch haben Sie hier nicht die Möglichkeit, den Schutz und die Beitragslast im Alter zu reduzieren. Es könnte ja sein, daß Ihre Altersvorsorge (über Rente, Kapital, Immobilie) später einmal ausreicht, um zusammen mit der Pflicht-Pflegeversicherung die Kosten im Falle einer Pflegebedürftigkeit zu decken und nur noch eine kleine Lücke bleibt.

b) – Aufstockung der gesetzlichen Leistungen durch ein Vielfaches.

Ein solches Modell richtet sich ausschließlich nach den Leistungen der gesetzlichen Absicherung. Hier ist es möglich, diese um ein Vielfaches zu verbessern. Bis zu 200 Prozent der gesetzlichen Leistungen können abgesichert werden. Im stationären Bereich sieht eine solche Regelung sehr gut aus, denn beispielsweise bei hundertprozentiger Zusatzabsicherung würden die Leistungen der Pflicht-Pflegeversicherung um 100 Prozent erhöht werden, so würden statt 2800 Mark dann 5600 Mark für den Aufenthalt in einem Pflegeheim zur Verfügung stehen. Im häuslichen Bereich und bei der Pflege durch Angehörige geht die Rechnung nicht ganz so gut auf: statt 400 Mark werden dann 800 Mark gezahlt – kein besonders lohnendes Geschäft also.

Die Modelle der Pflegekosten-Zusatzversicherung bieten attraktive Konditionen im Falle einer stationären Pflege oder einer Pflege durch Fachkräfte. Zu bedenken ist aber: Es sieht momentan nicht so aus, als ob der Pflegenotstand schnell beseitigt werden könnte und bald genügend Pflegeplätze zur Verfügung stünden.

② *Pflegetagegeld.*
Diese Leistung kann ganz individuell vereinbart werden. Die Spannbreite geht von 10 Mark bis zu 100 Mark am Tag.

Sie können damit also die Lücke schließen, die entsteht, wenn Ihre eigenen finanziellen Mittel und die Leistungen der Pflicht-Pflegeversicherung nicht ausreichen.

Das Pflegetagegeld wird auch ohne Kostennachweis gezahlt, anteilmäßig gehört bei den meisten Anbietern auch Pflege durch Angehörige dazu. Auch sie wird honoriert. Einen Nachteil hat diese Absicherung: Wenn Sie sich heute beispielsweise für 1500 Mark Pflegetagegeld im Monat absichern, ist dieser Betrag in 20 Jahren – je nach Inflationsrate – eventuell nur noch die Hälfte wert. Das bedeutet, Sie müssen bis dahin auch noch andere Rücklagen schaffen.

Stellen Sie sich in diesem Zusammenhang die folgenden Fragen:

ⓐ*Wie würde ich einen Pflegeplatz finanzieren?*

....

....

....

....

ⓑ*Wenn ich alle meine finanziellen Mittel zusam-
menzähle, könnte ich mir dann einen Pflegeplatz
oder eine Pflegekraft für zu Hause leisten?*

....

....

....

....

Quelle: Svea Kuschel

Abbildung 23: Pflegesituation im Alter – ein Check-up

Wenn Sie feststellen, daß Ihnen gemäß der Antwort auf
Frage 1 genügend Geld zur Verfügung steht, um einen
Pflegeplatz zu finanzieren, brauchen Sie keinen zusätzlichen Schutz zur gesetzlichen Pflicht-Pflegeversicherung zu erwägen.

Wenn Sie die Frage 2 mit Nein beantworten müssen,
sollten Sie für den Pflegefall mit einer privaten Zusatzversicherung vorsorgen.

Altersvorsorge

Die wichtige Frage: »Wie sieht meine eigene Altersvorsorge aus?« taucht für sehr viele Frauen erst auf,
wenn das erste Mal die Themen »Trennung« oder

»Scheidung« auf den Tisch kommen. Aus einem Gefühl der Sicherheit – denn schließlich wurde ihnen das während der Ehe immer vermittelt – sagen sie sich erstmal beschwichtigend: »Für uns ist gesorgt!« Doch langsam schleichen sich Zweifel ein. Denn: Jetzt geht es auf einmal nicht mehr um die Ehegatten und die Familie, sondern nur noch darum, was für die Frauen persönlich unterm Strich bleibt: Womit können Sie rechnen? Was ist noch für Sie zu schaffen, wenn Sie heute anfangen, eine eigene Altersvorsorge aufzubauen? Diese Fragen werden plötzlich sehr brennend, denn den Frauen wird klar: Die Zeit, in der sie noch etwas tun können, ist begrenzt. Dazu kommt noch, daß sie nicht wissen, wie ihre finanzielle Situation nach der Scheidung konkret aussehen wird und was sie monatlich oder in einer Summe für ihre Altersvorsorge aufbringen müssen, damit sie im Alter nicht zum Sozialfall werden.

Als ich vor über zehn Jahren in meine Selbständigkeit gestartet bin, stand in meinem ersten Prospekt der Slogan: »Die Zeiten, in denen der Mann als die beste Altersvorsorge galt, sind endgültig vorbei«. Heute weiß ich, daß die Zeit sich zwar wandelt und es nicht mehr so viele Frauen gibt, die sich auf den Ehemann oder einen männlichen Partner, der sie in Gelddingen »betreut und berät«, verlassen. Aber ganz vorbei sind die Zeiten leider immer noch nicht.

Gibt die Frau ihre Berufstätigkeit auf und übernimmt sie die Familienarbeit, so delegiert sie in den meisten Fällen auch den gesamten Absicherungsteil an den Mann. Egal, ob sie mit ihm verheiratet oder in einer Partnerschaft mit ihm verbunden ist. Besonders die Ehe vermittelt den Frauen immer noch das Gefühl, durch den Mann fürs Alter abgesichert zu sein. Von der Gesellschaft wird das noch unterstützt, indem den Frauen eingeredet wird, daß sie ja schließlich während der Ehe an der gesetzlichen Rente des Ehemannes beteiligt seien und zusätzlich für jedes Kind Rentenanwartschaften erwürben. Daß es dabei nur um Minirenten geht, hören sie selten oder nie.

Beispiel: Maria R. ist mit einem gut verdienenden Mann verheiratet, für den die Höchstbeträge (1996 bis 1450,80 Mark monatlich) in die gesetzliche Rente eingezahlt werden. Sie selber hat ein Jahr gut verdient und einen entsprechenden Beitrag in die gesetzliche Rentenversicherung eingezahlt. 1987 hat sie ein Kind bekommen und ist seitdem nicht mehr berufstätig. 1992 kam das zweite Kind.

Die Frage ist nun: Welche Rentenhöhe würde ihr zum Beispiel nach zehn Jahren Ehe zustehen? Sie selber hat eine Rentenanwartschaft von zirka 200 Mark und der Mann eine von zirka 850 Mark. Beide zusammen verfügen also über eine gesetzliche Rentenanwartschaft von 1050 Mark, die in den zehn Jahren der Ehe erworben wurde. Davon gehört jedem die Hälfte, also 525 Mark. Ein erschreckend geringer Betrag, und Maria R. hatte sich ihre Situation im Alter auch ganz anders vorgestellt. Diese Rentenanwartschaft liegt sogar unter dem Sozialhilfeniveau.

Ich bezweifle also, ob die Frauen, die diese Zahlen kennen, sich noch ausreichend durch die Ehe abgesichert fühlen. Doch kommen während der Ehe Zweifel an der Altersvorsorge auf, werden diese durch den Ehemann schnell wieder zerstreut mit der Aussage, daß er sich schon darum kümmere und alles bestens aussähe. Andere Alltagsprobleme schieben sich dann wieder vor den Gedanken, daß es nicht schlecht wäre, einmal Bilanz zu ziehen und zu prüfen, wie alles tatsächlich aussieht. Eine ehrliche Bilanz wird dann in den meisten Fällen konkret erst bei den Anwälten gezogen. Hier müssen beide die vorhandene finanzielle Situation aufzeigen. Im Idealfall kommt jetzt *alles* auf den Tisch: sämtliche Lebensversicherungspolicen und das ganze Vermögen, das sich in der Ehezeit angesammelt hat. Je nach vereinbartem Güterstand findet dann eine Aufteilung statt. Doch in den meisten Fällen wird einiges beiseite geschafft. Seien Sie also auf der Hut.

Mir hatte mein damaliger Mann den Rat gegeben, keinen eigenen Anwalt zu nehmen, denn das würde nur viele Kosten verursachen, und seiner würde sowieso seine *und* meine Interessen vertreten. Es ist aber in jedem Fall ratsam, davon auszugehen, daß der Anwalt oder die Anwältin eher die Interessen des Auftraggebers vertritt. Ich empfehle also, beizeiten eine eigene Anwältin einzuschalten, und wenn es nur zu einem ersten Informationsgespräch ist.

Wichtig ist es auch, vor der Trennung die Versicherungssituation mit einer unabhängigen Fachfrau zu überprüfen. In dieser Phase können noch Weichen gestellt werden. Wenn sich erst einmal die Fronten in der Verhandlung um Geld verhärtet haben, können Fehler nur noch sehr schwer korrigiert werden.

Grundsätzlich: Als Ehezeit gilt die Zeit von der Heirat bis zum Beginn des gerichtlichen Scheidungsverfahren. Viele glauben, daß, wenn die Scheidung lange läuft, auch noch Rentenanwartschaften erworben werden. Das ist allerdings nicht so.

Wie sieht es also tatsächlich mit der Altersvorsorge aus?

Die gesetzliche Altersvorsorge

Da sind einmal die gesetzlichen Rentenansprüche, die mit Beitragszahlungen in die BfA (Bundesversicherungsanstalt) oder LVA (Landesversicherungsanstalt) als Angestellte oder ArbeiterIn erworben werden. Auch mit freiwilligen Beiträgen, z. B. als Selbständige und Hausfrau, können sehr geringe Rentensteigerungen erwirtschaftet werden. Mütter oder Väter erhalten auch ohne Einzahlung Rentenansprüche, wenn sie die Voraussetzung erfüllen. Auch Beamtenpensionen und Ansprüche aus berufsständischen Versorgungswerken, z. B. Ärzteversorgung, gehören dazu.

Der gesetzliche Versorgungsausgleich, bei dem es um die Aufteilung der in der Ehezeit erworbenen Ansprüche geht, wird von einer Anwältin oder einem Anwalt in die Wege geleitet.

Es werden von der Gesetzlichen Rentenversicherungsanstalt und/oder den berufsständischen Versorgungswerken die Werte beider Partner angefordert, und die Person, die mehr hat, muß der anderen etwas abgeben. Nach der Scheidung haben beide den gleichen Wert für die Ehezeit auf dem Rentenkonto.

Zu dem gesetzlichen Versorgungsausgleich gehört auch die Teilung der betrieblichen Altersvorsorge. Diese wird allerdings nur berücksichtigt, wenn sie zum Zeitpunkt der Teilung bereits unverfallbar ist, das heißt, auch bei Beendigung des Arbeitsverhältnisses bleibt der Anspruch auf die Leistung erhalten. Je nach Vertragsgestaltung wird sie das bei den meisten Arbeitsverhältnissen erst nach zehn Jahren. Das heißt, verläßt der oder die Angestellte die Firma vor dem Termin, der für die Unverfallbarkeit vereinbart wurde, kann er oder sie die

Betriebsrente nicht mitnehmen. Sie bleibt beim Unternehmen. Für den Versorgungsausgleich bedeutet das, es kann nicht sicher mit einer Auszahlung gerechnet werden und deshalb auch keine Teilung erfolgen.

Die gesetzliche Rente, die während eines gesamten Arbeitslebens (35 bis 45 Jahre) erworben werden kann, reicht meist nicht einmal für eine Person aus, wie soll sie dann für zwei langen, wenn die Anwartschaften geteilt werden? Das zeigt auch das auf Seite 87 aufgeführte Beispiel. Ein Verzicht ist trotzdem nicht angesagt, denn jede Mark zählt im Alter.

Die übertragenen Werte können eine Frau selten im Alter ausreichend absichern. Es muß also unbedingt noch etwas für die Altersvorsorge getan werden. Übt die Frau nach der Scheidung keine versicherungspflichtige Tätigkeit aus, kommen keine weiteren Rentenanwartschaften zusammen.

Jetzt geht es darum, daß die Anwältin einen Vorsorgeunterhalt für die Frau aushandelt. Es wird vereinbart, daß der Mann die Kosten für eine Altersvorsorge der Frau übernimmt. Das kann in Form einer laufenden Beitragszahlung erfolgen oder aber auch über eine Pauschalsumme geschehen. Mit den laufenden Beiträgen oder der einmaligen Geldsumme muß die Geschiedene dann selber dafür sorgen, daß sie für den Fall der Berufs- oder Erwerbsunfähigkeit und fürs Alter abgesichert ist.

In den meisten Fällen ist die Einzahlung in eine private Versicherung lukrativer als eine Einzahlung in die gesetzliche Rentenversicherung. Auf keinen Fall darf mit dem Geld spekuliert oder können dafür Anschaffungen vorgenommen werden. Es ist ausschließlich zur Alterssicherung der Frau gedacht. Nicht immer ist es möglich, diesen Unterhalt zu bekommen, denn der Mann muß finanziell in der Lage sein, die Kosten dafür aufzubringen. Versucht werden sollte es aber auf jeden Fall. Frauen müssen da keine Skrupel haben.

Was es finanziell bedeutet, wenn die Berufstätigkeit zugunsten der Familie aufgegeben oder reduziert wird, soll Ihnen eine Grafik (vgl. S. 92) deutlich machen. Dort geht man davon aus, daß beide Partner am Start die gleichen Chancen hatten. Die finanzielle Lücke, die der Frau entsteht, ist nicht wieder auszugleichen, weil auch nach der Scheidung das Gehaltsniveau des Mannes nicht erreicht wird und die Berufschancen mit denen des Mannes nicht vergleichbar sind (vgl. Abb. 24).

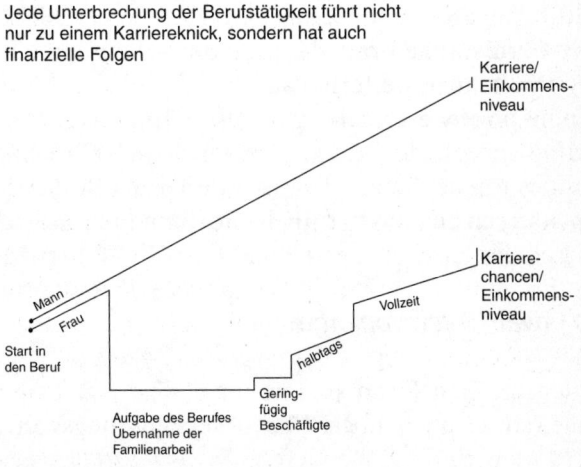

Quelle: Svea Kuschel

Abbildung 24: Die Unterbrechung der Berufstätigkeit und ihre finanziellen Folgen

Immer wieder höre ich von Frauen, die, um der Familienarbeit nachzugehen, ihre Berufstätigkeit aufgeben.
Sie verfügen dann über kein eigenes Einkommen mehr
und wollen oder müssen oft ihre Altersvorsorge aufgeben. Wie die Grafik (vgl. S. 92) zeigt, wäre es aber in
einem solchen Fall eher angesagt, die Altersvorsorge
aufzustocken. Es ist keineswegs so, daß die verheiratete
berufstätige Frau oder die, die in einer Lebensgemein-
schaft lebt und ihren Beruf nicht aufgibt, sich so konse-
quent um ihre eigene Absicherung kümmert, wie es die
Männer tun.

Immerhin hat diese Frau den Vorteil, nach einer Scheidung durch ihren Beruf finanziell unabhängig zu sein und
die Weichen für eine ausreichende Altersvorsorge für
sich stellen zu können. Dagegen wird die geschiedene,
nicht berufstätige Frau, die nach der Scheidung Unterhalt erhält, auch weiterhin auf das Einkommen des Ex-
mannes angewiesen sein. Mit diesem Einkommen steht
und fällt ihre Absicherung. Ich kann nur jeder Frau raten,
wenn es irgendwie möglich ist, wieder ins Berufsleben
einzusteigen und das berufliche Fortkommen als wichti-
ges Lebensziel im Auge zu behalten.

Die private Altersvorsorge

In den meisten Ehen sind außer der gesetzlichen Altersvorsorge auch noch Lebensversicherungsverträge
vorhanden.

Kapital-Lebensversicherung auf den Todes-
und Erlebensfall.
Hier handelt es sich um das am häufigsten vertretene
Altersvorsorgemodell. In den meisten Partnerschaften

und Familien wird diese Art von Lebensversicherung für die Finanzierung der gemeinsamen Altersvorsorge abgeschlossen. Diese Form ist jedoch, wenn die Ehe nicht bis zur Auszahlung hält, keine Altersvorsorge für die Ehefrau, wenn der Vertrag auf den Namen des Mannes läuft. Wieso eigentlich nicht?

Der Grund liegt in der Vertragsgestaltung. Der Vertrag ist auf den Mann abgeschlossen, und stirbt er vor Ablauf des Vertrages, erhält die Bezugsberechtigte – meistens die Ehefrau oder Lebenspartnerin – die vereinbarte Leistung. Verbringen beide das Rentenalter zusammen, ist auch noch alles mit dieser Vertragsform in Ordnung. Geht es aber um Trennung und Scheidung, stellt sich schnell heraus, daß dieses Modell als Altersvorsorge für die Frau – sofern nicht selber Versicherungsnehmerin – ungeeignet ist.

Warum ist das so? Bei der Altersvorsorge geht es in erster Linie um die Auszahlung am Ende des Vertrages. Die Versicherungssumme plus Gewinne kommt erst dann zur Ausschüttung. Dieser Zeitpunkt wird in den meisten Fällen so gewählt, daß diese zum 60. oder 65. Lebensjahr des Mannes, der auch Versicherungsnehmer und versicherte Person ist, erfolgt.

In den ersten Jahren nach Vertragsabschluß sind also keine Gewinne auf dem Lebensversicherungskonto zu verbuchen. Aber: Je länger der Vertrag läuft, um so höher fallen diese Gewinne aus. Die Kosten sind dann bezahlt, und der Zins- und Zinseszinseffekt macht sich bemerkbar.

Man kann bei den ersten zehn Jahren einer Lebensversicherung ruhig von den mageren Jahren reden. Nehmen wir einmal an, der Vertrag wäre bei Eheschließung als Altersvorsorge für beide Partner abgeschlossen worden und die Scheidung erfolgte nach zehn Jahren, dann hätte die Frau die zehn mageren Jahre mitgetragen und erhielte aber nur die dann gültigen Rückkaufswerte (Einzahlung minus Kosten und Stornogebühren). Der Mann gibt zwar etwas ab, aber wenn es interessant wird – am Schluß des Vertrages, wenn es um die Auszahlung geht –, ist er der alleinige Nutznießer und kassiert auch noch einen satten Schlußgewinn.

Auf diese Regelung muß sich die Frau allerdings nur einlassen, wenn eine Fortführung des Vertrages nicht möglich ist. Bleibt der Vertrag weiter bestehen, weil sich eine Kündigung auch für den Mann nicht lohnt, so kann sie den aktuellen Gegenwert verlangen, der höher als der Rückkaufswert ist. Für die Frau wird es trotzdem schwer werden, sich auf diese Weise eine eigene Altersvorsorge aufzubauen, denn sie ist schließlich inzwischen zehn Jahre älter geworden, und die Zeit bis zur Rente wurde dementsprechend kürzer. Zudem entstehen bei einem Neuabschluß wieder Abschlußkosten.

Eine Lebensversicherung, die auf den Mann abgeschlossen wurde, ist demnach unterm Strich nicht für beide Ehepartner als Altersvorsorge geeignet. Keine Frau sollte auf den Teil, der ihr aufgrund der Ehedauer zusteht, verzichten. Besser jedoch ist es, wenn sie sich beizeiten um einen eigenen Vertrag kümmert (vgl. Abb. 25).

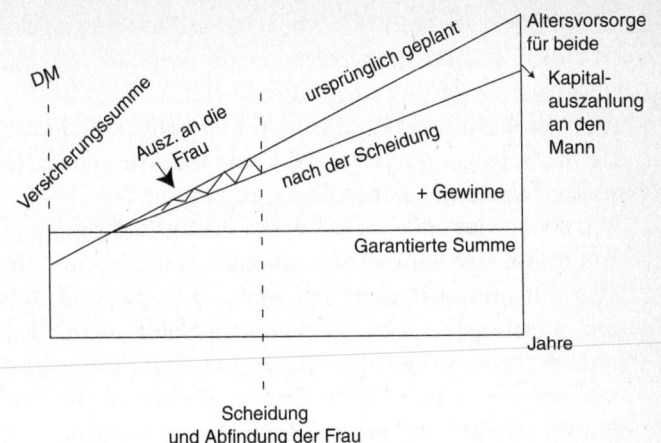

Quelle: Svea Kuschel

Abbildung 25: Kapital-Lebensversicherung als private Altersvorsorge

Im Rahmen einer Scheidung wird oft auch der Vorschlag gemacht, die Verträge zu teilen. Der Mann behält dann alle seine Lebensversicherungsverträge. Nehmen wir nun mal an, er hat zwei – einen tritt er an seine Frau ab –, und beide vereinbaren, daß die Frau für den Todesfall sowie für den Erlebensfall bezugsberechtigt ist. Diese Vorgehensweise hat gleich mehrere Haken:

① Verheirateten wird ein hoher Steuerfreibetrag gewährt, wenn es um Schenkungen oder um eine Erbschaft im Todesfall des Ehepartners geht. Geschiedenen steht kein Freibetrag zu. Wird also vereinbart, daß der geschiedene Mann der Vertragsinhaber (Versicherungsnehmer) bleibt und auch die Beiträge weiterhin überweist, führt das bei der Auszahlung an die geschiedene Frau zu großen Nachteilen. Sie muß die gesamten Gewinne, die während der Vertragsdauer angefallen sind, versteuern. Und da geht es nicht um kleine Beträge, sondern die Gewinne können mehr als die Hälfte der Auszahlung ausmachen.

Warum ist das so? – Die Versicherungsbedingungen sehen vor, daß eine einkommensteuerfreie Auszahlung nur an die Person erfolgen kann, die während der Vertragslaufzeit VersicherungsnehmerIn war und die die Beiträge überwiesen hat. Die Frau würde im Todesfall, und auch im Erlebensfall, zwar die vereinbarten Leistungen erhalten, aber ihr würde viel weniger übrig bleiben, als sie bei den Scheidungsverhandlungen angenommen hatte. Sie könnte keinen Freibetrag in Anspruch nehmen, da es sich in dem Fall um eine Schenkung eines Mannes handelt, mit dem sie weder verheiratet ist noch in irgendeinem verwandtschaftlichen Verhältnis steht. Es darf bei den Scheidungsverhandlungen also nicht die voraussichtliche Auszahlung zugrunde gelegt werden, sondern die Auszahlung nach Steuern.

② Ist der Mann als Selbständiger tätig, kommt er häufig mit dem Argument, daß er, wenn er Versicherungsnehmer bleibt und auch die Beiträge bezahlt, diese steuerlich nutzen und als Sonderausgaben geltend machen kann. Da für die Frau keinerlei Nachteile auf den ersten Blick erkennbar sind und sie im Moment selber auch keine Steuervorteile haben würde, willigt sie oft ein. Bei der Auszahlung dieses Vertrages hat der Mann zwar während der Vertragslaufzeit Steuern gespart, die Frau steht aber wie im ersten Beispiel beschrieben da.

③ Bleibt der Mann nach der Scheidung Versicherungsnehmer, besteht in diesem Fall das Risiko, daß der
Mann den Vertrag kündigt, die Beiträge kürzt oder
auch die Beitragszahlung einstellt und eine Beitrags-
freistellung vereinbart. Er kann auch die Bezugsberechtigung einfach ändern, denn nur er ist der Vertragspartner gegenüber der Versicherung.

Was ist zu tun, damit die Frau bei Auszahlung der Versicherung keine Nachteile hat?

① Der Frau wird die Versicherungsnehmereigenschaft
übertragen. Auch wenn der Mann die versicherte Person bleibt, das heißt, die Versicherung ist auf der Basis
seiner Daten – Gesundheit, Alter etc. – berechnet, erhält die Frau die Auszahlung am Ende des Vertrages
steuerfrei.
② Eine völlige Umstellung des Vertrages – die Frau wird
nicht nur Versicherungsnehmerin (Vertragsinhaberin), sondern auch versicherte Person, ergibt keinen
Sinn und schmälert nur die Rendite, denn es werden
die aktuellen Daten der Frau zugrunde gelegt, und
alles wird wie bei einem Neuvertrag berechnet. Le-
diglich die bis dahin für den Mann angesammelten
Werte werden in den Vertrag übertragen. Das ist un-
sinnig und ergibt keinen Vorteil.
③ Wenn der Mann mit einer Übertragung nicht einverstanden ist und die Frau trotz Steuernachteilen die
Begünstigte des Vertrages sein möchte, so ist es erforderlich, ein unwiderrufliches Bezugsrecht für
die Frau zu vereinbaren. Der Mann kann dann den
Vertrag nur noch mit ihrem Einverständnis verändern.

Sie sehen, der Idealfall ist: Beide haben von Anfang an eine eigene Altersvorsorge, und nichts muß bei einer Scheidung übertragen werden.

Die private Rentenversicherung

Der Unterschied zur Kapitallebensversicherung auf den Todes- und Erlebensfall ist, daß die Hinterbliebenenabsicherung bei diesem Modell keine Rolle spielt. Im Todesfall werden je nach Vertragsgestaltung nur die eingezahlten Beiträge abzüglich Kosten an die Hinterbliebenen entrichtet. Es kann auch vereinbart werden, daß die bis dahin angesammelten Zinsen ebenfalls zur Auszahlung kommen. Eine weitere Variante ist, daß ganz auf die Hinterbliebenenabsicherung verzichtet wird. Hier gilt immer: Je geringer die Absicherung der Hinterbliebenen, desto höher die eigene Rente.

Wurde die private Rentenversicherung auf den Mann abgeschlossen, so ist der Teil, der im Scheidungsfall an die Frau geht, in den ersten Jahren noch geringer als bei der Kapitallebensversicherung.

Bei der privaten Rentenversicherung kann auch bei Ablauf des Vertrages das Kapital gewählt werden, aber die ganze Kalkulation baut auf eine lebenslange Rentenzahlung auf, und so ist der Rückkaufswert (Wert der Kündigung) oder das Deckungskapital (das Kapital, was zu dem Zeitpunkt auf dem Versicherungskonto ist) in den ersten Jahren niedriger als bei der klassischen Lebensversicherung, bei der es immer nur um die Kapitalauszahlung geht.

Eine Übertragung hat dieselben Nachteile und es kommen dieselben Bedenken und Ratschläge zum Tragen wie bei der Kapitallebensversicherung. Eins ist aber noch zusätzlich zu überlegen: Übernimmt die Frau den Vertrag und wählt sie die Rente, wird diese nur so lange gezahlt, wie ihr Exmann lebt. Es geht hier keineswegs um eine lebenslange Rente für sie, denn sie ist nur Vertragsinhaberin, ihr Mann bleibt auch weiterhin die versicherte Person.

Altersvorsorge ist nicht nur ein Versicherungsthema. Bei einer Scheidung geht es auch um alle anderen Geldanlagen. Je nach Güterstand wird hier eine Teilung vorgenommen.

Wird das Vermögen aufgeteilt, stehen der Frau in einigen Fällen Geldbeträge zur Verfügung, die den Rahmen ihres bisher verwalteten Kapitals um ein Vielfaches übersteigen. Vielleicht hat sie bisher noch keine Erfahrung mit Geldanlagen machen können und steht hilflos da. Auf der einen Seite möchte sie ihr Geld sicher und lukrativ anlegen, auf der anderen Seite hat sie Angst, den falschen Schritt zu tun. Und plötzlich tauchen aus dem Nichts diverse Berater auf. In diesem Fall gilt: »Vertrauen ist gut – Kontrolle ist erheblich besser!«.

Wenn sie selber diese Kontrolle nicht durchführen kann, sollte sie sich jetzt an Beraterinnen wenden, die weder an eine Bank noch an eine Versicherung gebunden sind. Wie gut die Beratung ist, wird sie feststellen, wenn nicht nur Produkte/Geldanlagemöglichkeiten angeboten werden, sondern ihre persönliche Finanzsituation in den Mittelpunkt der Beratung gestellt wird. Mißtrauisch sollte sie aber werden, wenn ihr geraten wird, alles auf eine Karte zu setzen. Merke: Eine Streuung gibt stets die größte Sicherheit und ermöglicht die höchste Rendite.

Die Ausbildungsversicherung für Kinder

Eine gute Ausbildung oder ein Studium kosten Geld, mittlerweile viel Geld. Von 50 000 Mark und mehr ist da oft die Rede. Viele Eltern schließen deshalb eine Ausbildungsversicherung für ihre Kinder ab. Diese Versicherung wird auch »Termfixversicherung« genannt, weil sie zu einem festen Zeitpunkt ausbezahlt wird.

Stirbt die Person, die als versicherte Person im Vertrag aufgeführt ist (in den meisten Fällen die Person, die auch die Beiträge einzahlt), müssen keine Beiträge mehr überwiesen werden, und am Ende des Vertrages wird dann trotzdem die volle Leistung erbracht. Eine Kapitalauszahlung erfolgt. So ist gesichert, daß z. B. zum achtzehnten Lebensjahr des Kindes soviel Geld vorhanden ist, um eine Ausbildung oder ein Studium finanzieren zu können.

In diese Versicherung wird häufig das Kindergeld eingezahlt. Teilweise wird sie sofort nach der Geburt des Kindes abgeschlossen, denn auch hier gilt, je länger die Laufzeit, um so höher die Rendite.

Bei einer Trennung oder Scheidung wird von diesen Verträgen häufig gar nicht gesprochen, denn es besteht die Annahme, daß dies keine Geldanlage und auch keine Altersvorsorge ist, sondern eine Absicherung für das Kind, die nur diesem zugute kommt. Weit gefehlt! Diese Versicherung bietet nämlich für das Kind nicht die Sicherheit, von der meist ausgegangen wird:

Am Ende der Laufzeit wird das Kapital an die Person steuerfrei ausgezahlt, die die Beiträge auch eingezahlt hat und die als Bezugsberechtigte/r im Vertrag genannt ist. Das wird fast ohne Ausnahme der oder die VertragsinhaberIn sein.

Beispiel: Barbara und Klaus V. waren sich einig, die Ausbildung der Kinder sollte so schnell wie möglich gesichert werden. Klaus V. schloß eine Ausbildungsversicherung für die Kinder ab. Erst sollte nur das Kindergeld eingezahlt werden, dann bot aber die Omi an, auch monatlich noch etwas dazuzugeben. Ihre Bedingung: Es sollte etwas Sicheres sein, das auch wirklich ihren Enkeln zugute kommen würde. Von der Idee einer Ausbildungsversicherung waren alle begeistert. Bei der Scheidung erklärten sich sowohl Klaus V. als auch die Omi bereit, weiterhin einzuzahlen. Die Kinder wohnten jedoch bei Barbara V., und die Kontakte zum Vater der Kinder wurden mit zunehmendem Alter der Kinder immer seltener. Er war in eine andere Stadt gezogen, hatte wieder geheiratet und war auch wieder Vater geworden.

Barbara V. war sicher, daß für die Ausbildung ihrer Kinder gesorgt sei. Um so größer war die Überraschung, als kein Geld vom Vater für die Ausbildung kam, obwohl nach ihren Unterlagen die Versicherung bereits ausgezahlt worden sein mußte – die Tochter war jetzt 18 Jahre alt. Sie rief den Vater also an und erfuhr, daß die Auszahlung bereits erfolgt sei, er aber nicht einsehe, warum die Tochter dieses Geld benötigen würde. Er hätte sein Studium schließlich auch selber finanziert und sie könnte ja auch BaföG beantragen.

Barbara V. war entsetzt, ging aber nach wie vor davon aus, daß dieses Geld auf keinen Fall dem Vater gehörte. Sie setzte sich mit der Versicherung in Verbindung und erfuhr dann, daß das Geld zu Recht an den Vertragsinhaber ausgezahlt worden war.

Auch die Omi, die jahrelang ihrem Schwiegersohn etwas »zugesteckt« hatte, damit er es in die Ausbildungsversicherung ihrer Enkel einzahle, kam in einem Telefongespräch mit dem Exschwiegersohn kein Stück weiter.

Da es sich hier nicht um einen Einzelfall eines besonders »schlechten« Vaters handelt, sollten also auch die Verträge, die für die Kinder abgeschlossen wurden, bei der Aufteilung des Vermögens stets Berücksichtigung finden.

Es kann zum Beispiel als Sicherheit das Kind als unwiderruflich Berechtigte/r im Erlebensfall eingesetzt werden. Da es bei der Auszahlung bereits 18 Jahre alt ist, wird es dann selber darüber verfügen. Das ist allerdings in einigen Fällen sicher nicht die beste Zeit, um an einen so großen Betrag zu kommen, z. B. wenn gar keine Ausbildung geplant ist und dem Jugendlichen alles andere wichtiger erscheint als diese. Es sollte also zusätzlich eine Vereinbarung getroffen werden, daß das Kind dieses Geld nur zweckgebunden, also für die Ausbildung, das Studium etc., verwenden darf. Da die Auszahlung nur für den Vertragsinhaber und Beitragszahler steuerfrei ist, würde theoretisch Schenkungssteuer anfallen, wenn die Auszahlung an das Kind geht. Da die Schenkung aber vom Vater kommt und er innerhalb von zehn Jahren 90 000 Mark steuerfrei seinem Kind überlassen darf, dürfte hier kein Problem entstehen (vgl. Abb. 26).

Lebensversicherungsverein a. G.

Zweitausfertigung
Versicherungsschein

Versicherungsschein-Nr.   Ausfertigungs-Nr. 001   Verwaltungs-Nr.

Versicherungsnehmer: **❶**

Im Vertrauen auf die Richtigkeit und Vollständigkeit der schriftlichen Angaben. Im Versicherungsantrag stellen wir diesen
Versicherungsschein aus. Die gegenseitigen Rechte und Pflichten ergeben sich aus dem Versicherungsantrag,
dem Tarif, den Allgemeinen und den Besonderen Bedingungen, der Satzung, den etwa vereinbarten weiteren Bedingungen
und den gesetzlichen Vorschriften. Gemäß § 3 des Versicherungsvertragsgesetzes kann der Versicherungsnehmer jederzeit
Abschriften derErklärungen fordern, die er mit Bezug auf den Vertrag abgegeben hat. Willenserklärungen sind entsprechend
§ 12 der Allgemeinen Bedingungen abzugeben.

Versicherte Person(en)   **❷**   Geburtsdatum

Tarif (1)   Versicherungsbeginn   Versicherungsende
LG3/F   01.12.1993   01.12.2011
                             Versicherungssumme   14 035 DM
                             Beitrag ab 01.12.1993 jährlich   655, 97 DM
                             Ende der Beitragszahlungsdauer   01.12.2011

Bezugsberechtigung:

Erlebensfall: die versicherte Person **❸**
Todesfall:

Zweitausfertigung: Ansprüche auf die Versicherungsleistung können aus dieser
                   Ausfertigung nicht hergeleitet werden.

Beginn des Versicherungsschutzes siehe Paragraph 1 der Allgemeinen Bedingungen.

Der Grundüberschußanteil wird mit dem tariflichen Beitrag verrechnet. Den derzeit zu zahlenden Beitrag entnehmen Sie
bitte dem Begleitschreiben.

Die Überschußanteile, die sich für den Anspruchsberechtigten aus der in den Versicherungsbedingungen vorgesehenen
Überschußbeteiligung ergeben, hängen in ihrer Höhe vor allem von den Kapitalerträgen, aber auch vom Risikoverlauf und
von der Entwicklung der Kosten ab. Die Höhe der Überschußanteile, die von Jahr zu Jahr ermittelt und zugesagt werden,
kann sich daher ändern. Verbindliche Angaben über die Höhe der künftigen Überschupbeteiligung sind nicht möglich.
Über den Verlauf der Überschußbeteiligung unter der Voraussetzung, daß die heute gültigen Überschußanteile unverändert
bleiben, können Sie sich anhand unserer Beispielrechnungen informieren, die wir Ihnen auf Wunsch zur Verfügung stellen.

(1) Tarif LG3/F Kapitalversicherung mit festem Auszahlungszeitpunkt (Termfixversicherung). **❹**
    Die Versicherungssumme wird beim Ablauf der Versicherungsdauer fällig. Stirbt der Versicherte, wird die Versicherung
    vom folgenden Monat an bei tragsfrei weitergeführt. Der bis dahin widerruflich Bezugsberechtigte erwbt das Recht auf
    die Leistung zu dem vereinbarten Zeitpunkt bereits beim Tode der versicherten Person unwiderruflich, falls der Versiche-
    rungsnehmer nichts anderes bestimmt.

– Blatt 2 –

LV 00000 (02/01/88)

❶ VertragsinhaberIn
❷ Kann vom Versicherungsnehmer abweichen.
    Auf Basis dieser Daten wird der Vertrag berechnet.
❸ Evtl. das Kind, für das die Ausbildungsversicherung abgeschlossen wurde
❹ Z. B. wenn das Kind 18 wird

Quelle: Debeka-Police

Abbildung 26: Ausbildungsversicherung

Absicherung bei Tod des Partners

Risiko-Lebensversicherung

Die beste Form, die finanzielle Absicherung im Todesfall zu gewährleisten, ist die Risiko-Lebensversicherung, denn sie tritt ein unabhängig davon, ob der Tod durch einen Unfall oder durch Krankheit herbeigeführt worden ist. Im Todesfall der versicherten Person wird eine Summe an die Bezugsberechtigte oder den Bezugsberechtigten ausgezahlt. Bei dieser Form der Lebensversicherung wird keine Altersvorsorge betrieben, denn es gibt keinen Sparanteil wie z. B. bei der Kapitallebensversicherung.

Die Risiko-Lebensversicherung erfüllt während der Ehe verschiedene Zwecke. Sie ist da, um:

a) die nichtberufstätige Ehefrau abzusichern, wenn der Hauptverdiener stirbt;
b) die Partner gegenseitig abzusichern, da beide wesentlich zum Unterhalt beitragen;
c) den Mann finanziell abzusichern, wenn die Frau stirbt und für die Kinder jemand anderes sorgen müßte;
d) den Mann abzusichern, weil die Frau den Lebensunterhalt allein verdient;
e) Schulden so abzusichern, daß die Schuld von der Todesfall-Leistung getilgt werden kann.

Welchen Zweck erfüllt die Versicherung aber nach einer Scheidung?

zu a) Diente diese Todesfallabsicherung während der Ehe dazu, der Frau eine solide finanzielle Basis zu geben, wenn der Ehemann sterben sollte, weil sie kein eigenes oder nur ein geringes Einkommen hat, so muß sie unbedingt erhalten bleiben, denn auch nach der Scheidung wird die Frau von den Unterhaltszahlungen des Mannes abhängig sein – und wenn es nur vorübergehend ist.

Wichtig ist, daß ein unwiderrufliches Bezugsrecht zugunsten der Frau vereinbart wird, damit diese Versicherung ohne ihr Wissen nicht gekündigt oder eine andere Person statt ihrer als Bezugsberechtigte eingesetzt werden kann. Allerdings kann dann die Versicherung auch nur mit Zustimmung des Berechtigten oder der Berechtigten abgetreten werden, z. B. zur Sicherung eines Kredits.

zu b) Wenn kein Bedarf mehr besteht, sich gegenseitig abzusichern, kann die Versicherung gekündigt werden.

zu c) Dieser Schutz ist auch nach der Scheidung sehr wichtig, wenn noch kleine Kinder zu versorgen sind.

zu d) Was für die Frau gilt, gilt auch für den Mann, der nach der Scheidung kein eigenes Einkommen hat, weil er während der Ehe seinen Beruf aufgegeben hat, um die Familienarbeit zu übernehmen. Auch er sollte abgesichert sein, wenn die Frau, die ihm Unterhalt zahlt, stirbt. In der Praxis kommt dieser Fall allerdings überaus selten vor.

zu e) Wenn weiterhin gemeinsame Schulden abzuzahlen sind, sollte dieser Schutz erhalten bleiben. Häufig ist diese Versicherung auch als Sicherheit an die Bank abgetreten worden und kann sowieso nicht gekündigt werden.

Wie sieht es aber aus, wenn nach der Scheidung Unterhaltszahlungen für die Frau und/oder die Kinder vereinbart werden, aber keine Risiko-Lebensversicherung vorhanden ist? Für die Frau wäre es sinnvoll, eine eigene Risiko-Lebensversicherung für den Mann abzuschließen, um Kapital statt Unterhalt zur Verfügung zu haben, wenn der Exmann sterben sollte. Damit die Zahlung dann auch steuerfrei an sie ausgezahlt wird, ist es erforderlich, daß sie selber Vertragsinhaberin (Versicherungsnehmerin) wird und ihr Exmann die versicherte Person ist. Es geht ja um sein Leben. Wichtig ist, daß sie auch die Beiträge zahlt. Er muß den Vertrag unterschreiben, also auch damit einverstanden sein.

In diesem Zusammenhang soll Ihnen noch der aktuelle Stand (ab 1.1.96) über die Höhe der Unterhaltspflicht für Kinder in die Hand gegeben werden, die wenigstens für den Todesfall des zahlungspflichtigen Elternteils abgesichert werden sollten (vgl. Abb. 27).

A. Kindesunterhalt → Düsseldorfer Tabelle (Stand 1.1.1996)

Nettoeink. des Unterhaltspflichtigen in DM	bis zur Vollendung d. 6. Lj.	7. bis zur Vollendung d. 12 Lj.	13. bis zur Vollendung d. 18. Lj.	ab 19 Lj. im elterl. Haushalt wohnend	Bedarfs-kontrollbetrag
bis 2400	349	424	502	580	1300/1500
2400–2700	375	450	530	610	1600
2700–3100	400	480	565	650	1700
3100–3600	435	525	615	705	1800
3600–4200	475	570	675	780	1950
4200–4900	515	620	735	850	2100
4900–5800	565	680	805	930	2300
5800–6800	615	740	875	1010	2500
6800–8000	665	805	945	1085	2800
über 8000 nach den Umständen des Falles					

B. Ehegattenunterhalt

Unterhaltspflichtiger	Unterhaltsberechtigter	
	kein Einkommen	eigenes Einkommen
erwerbstätig	3/7 des Erwerbseinkommens zzgl. 1/2 der sonstigen anrechenbaren Einkünfte	3/7 der Erwerbseink.-Differenz. Für sonstige EK gilt der Halbteilungs-Grundsatz
nicht erwerbstätig	1/2 des Einkommens	1/2 des Unterschiedsbetrages

Quelle: Datev, 1996

Abbildung 27: Düsseldorfer Tabelle (Stand 1.1.1996)

Der Abschluß einer Risiko-Lebensversicherung ist auch wichtig, wenn ein sogenannter Vorsorgeunterhalt gezahlt wird. Das heißt, hier wird vereinbart, daß der geschiedene Mann seiner ehemaligen Ehefrau Beiträge für eine private Altersvorsorge zur Verfügung zu stel-

len hat. Es wird ein Vertrag zugunsten der Frau abgeschlossen, der bis ins Alter läuft. Stirbt der Mann vorher, würde die Frau ansonsten die Beitragszahlung für
die Rente oder die Kapital-Lebensversicherung in vielen Fällen nicht selber übernehmen können. Ihre Altersvorsorge wäre dann gefährdet. Es muß also gesichert
sein, daß bei Rentenbeginn genügend Kapital oder
Rente zur Auszahlung kommt, auch wenn der Mann
stirbt. Mit 65 Jahren sind zirka 140 000 Mark aufzubringen, um der Frau eine lebenslange private Rentenzahlung von 1000 Mark im Monat zu sichern.

Ist eine Frau auch nach der Scheidung noch abhängig
von den Zahlungen des Mannes, z. B. von dessen Unterhaltszahlungen, wird die Absicherung im Falle des
Todes sehr wichtig sein. Um festzulegen, wie diese gestaltet werden soll, ist es erforderlich, den Risikozeitraum festzulegen und zu fragen:

- Wie lange werde ich von den Zahlungen meines Mannes abhängig sein? (Beispiel: 5 Jahre.)
- Wie groß wäre die finanzielle Lücke, wenn mein
  Mann in den nächsten 5 Jahren (Risikozeitraum) sterben würde?

Beispiel: Es wurde pro Jahr ein Unterhalt von 24 000
Mark für die nächsten fünf Jahre vereinbart, und die Risikosumme (Versicherungssumme) soll 120 000 Mark
betragen.

Mein Rat: Seien Sie großzügig bei der Festlegung der
Risikozeit und der Risikosumme. Wird dieser Schutz
nicht mehr benötigt, kann er auch vorzeitig wieder
gekündigt werden. Es werden keine Werte angesammelt, und somit entstehen im Falle einer Kündigung

keine Verluste. Hier geht es nur um einen Risikobei-
trag. Wird die Risikozeit und die Risikosumme am Anfang zu niedrig angesetzt, ist es in vielen Fällen (aufgrund der Gesundheit der versicherten Person) später
nicht mehr möglich, eine Korrektur vorzunehmen.

Unfallversicherung

Der Unfallversicherungsschutz ist für all diejenigen
wichtig, die im Falle eines Unfalls nicht genügend Kapital zur Verfügung hätten, um ein Leben als Invalide
finanzieren zu können. Beim Abschluß einer Unfallversicherung wird häufig nicht darüber nachgedacht,
welches Risiko mit dieser Versicherung abgedeckt werden soll. Ich bin aber der Meinung, daß es hier nur um
die Invaliditätssumme gehen sollte.

Aus meiner Sicht ist die Unfallversicherung nicht
zur Hinterbliebenenversorgung im Todesfall geeignet,
da sie nur bei Unfalltod eintritt. Brauchen Frauen
einen Hinterbliebenenschutz, sollten sie eine Risiko-
Lebensversicherung abschließen (siehe vorheriges
Kapitel). Diese Versicherung zahlt den vereinbarten
Betrag, unabhängig von der Todesursache – egal, ob
es sich um einen Unfall oder eine schwere Krankheit
handelte.

Auch das Krankenhaustagegeld mit Genesungsgeld
(für jeden Tag, der im Krankenhaus nach einem Unfall
verbracht wird, gibt es diese Leistung, und die Höhe
kann individuell bestimmt werden) halte ich nicht für
wichtig. Wer im Falle eines Krankenhausaufenthaltes
dringend Geld braucht, sollte bei einer privaten Krankenversicherung diesen Schutz abdecken, denn sie zahlt

– egal, ob der Krankenhausaufenthalt aufgrund eines Unfalles oder einer Krankheit nötig war.

Welchen Sinn erfüllt also eine Unfallversicherung? – Es geht hier vorrangig um Kapital, das bei einer Invalidität durch einen Unfall gebraucht wird. Es wird zu verschiedenen Zwecken benötigt:

① um das Leben als Invalidin gestalten zu können (Umschulung, Umbau der Wohnung etc.);

② um eine Kapitalreserve zu haben, die ein Leben lang zum Unterhalt reicht, da eine Invalidität das Leben vollständig verändern kann. Denn es fallen nicht nur zusätzliche Lebenshaltungskosten an, sondern es entstehen auch noch Einbußen bei der Altersvorsorge, da ein beruflicher Aufstieg in vielen Fällen ausgeschlossen ist.

Aus der Notwendigkeit heraus, daß die Invaliditätssumme ein Leben lang reichen soll, ergibt sich auch, wer die Unfallversicherung am nötigsten braucht. Je jünger eine Person ist, desto wichtiger ist diese Absicherung. Auch bei der Bestimmung der Invaliditätssumme spielt das Alter eine Rolle.

In der Praxis sehen die Unfallversicherungsverträge vielfach ganz anders aus. Die älteste Person – häufig der Mann – hat die höchste Summe. Die Ehefrau und die Kinder sind mit niedrigeren Summen versichert. Dafür sind aber für alle Personen oft diverse überflüssige und teure Extras mitversichert, wie z. B. Krankenhaustagegeld mit Genesungsgeld. Denn: Kennen Sie einen einzigen Grund, warum ein Kind, das nach einem Unfall ins Krankenhaus muß, täglich 10 Mark pro Tag braucht? Ich halte das für absoluten Unsinn, der nur Kosten verursacht.

In den meisten Familien existiert nur ein Vertrag. Der

Mann ist meist Versicherungsnehmer – auf seinen Namen ist der Vertrag abgeschlossen. Die einzelnen Familienmitglieder sind die versicherten Personen. So ein Vertrag kann nach der Scheidung auf die einzelnen Personen übertragen werden. Gab es aber bis dahin einen Familienrabatt, fällt dieser für die Person weg, die aus diesem Vertrag aussteigt und ihn für sich als Einzelvertrag weiterführt. Bevor Sie sich entscheiden, den Schutz aus dem Familienvertrag für sich zu übernehmen, schauen Sie sich den Vertrag also genau an.

Wurde er auf zehn Jahre abgeschlossen und ist die Zeit noch nicht um, können Sie nur das gesamte Paket übernehmen. Auch besteht vielleicht die Möglichkeit, bei einem anderen Unternehmen den gleichen Schutz bedeutend preiswerter zu erhalten. Nur wenn es sich um ein wirklich gutes Angebot handelt und Sie bei Abschluß des alten Vertrages gesund waren und jetzt eine schwere Erkrankung vorliegt, sollten Sie eine Übertragung veranlassen und Ihren Teil der Versicherung übernehmen.

Für 100 000 Mark Invaliditätssumme mit 350 Prozent Progression – das heißt, je schwerer die Unfallfolgen, desto höher ist die Leistung – bei 100 Prozent Invalidität und 350 000 Mark müssen Sie im Jahr nicht mehr als 110 Mark plus 15 Prozent Versicherungssteuer zahlen.

Wenn vorher kein Unfallschutz vorhanden oder nur der Mann versichert war, sollten Sie überlegen, ob im Falle einer Invalidität genügend Kapital zur Verfügung steht, mit dem Sie Ihr Leben gestalten können. Angestellte haben wenigstens einen Teilschutz für den beruflichen Bereich über die Berufsgenossenschaft. Hausfrauen verfügen über gar keinen Schutz. Besteht für Ihre Kinder kein ausreichender Unfallschutz, so würde ich in jedem Fall wenigstens dort Vorsorge treffen. Lassen Sie sich aber keinen Zehnjahresvertrag aufschwatzen. Gerade die teuersten Anbieter arbeiten mit diesem Trick, damit Sie nicht wechseln können, wenn Sie feststellen, daß es andere günstigere Absicherungen gibt.

Berufsunfähigkeitsrente

Dieses Thema hat im Grunde genommen mit Trennung und Scheidung gar nichts zu tun. Jede Person – egal, in welcher Lebenssituation sie sich im Moment befindet – sollte eine Absicherung haben, wenn der Beruf, mit dem Geld verdient wird, nicht mehr ausgeübt werden kann, weil eine Berufs- oder Erwerbsunfähigkeit vorliegt. Von einer Berufsunfähigkeit spricht man, wenn der eigentliche Beruf nur noch zur Hälfte ausgeübt werden kann. Bei Erwerbsunfähigkeit besteht überhaupt keine Möglichkeit mehr, einer Tätigkeit nachzugehen.

Während der Ehe nehmen viele Frauen dieses Thema allerdings nicht sehr ernst. Das Gehalt des Ehemannes vermittelt das Gefühl, auch ohne das eigene Einkommen einen vermeintlichen Schutz vor finanzieller Not zu haben. Erst nach einer Trennung oder Scheidung wird es dann den Frauen bewußt, daß die eigene Arbeitskraft ihr wichtigstes Kapital ist.

Was bedeutet es nun, eine Berufsunfähigkeits-Rentenversicherung zu haben oder auch nicht? Oder anders ausgedrückt muß die Frage lauten: »Woher kommt Geld, wenn ich durch Unfall oder Krankheit nicht mehr berufstätig oder, was noch schlimmer ist, nicht mehr erwerbstätig sein kann?«

Wenn Sie weder Miet- oder Zinseinnahmen haben noch

über andere Erträge verfügen, ist dieser Schutz bei Berufs- oder Erwerbsunfähigkeit zwingend erforderlich. Die Unterscheidung zwischen Berufs- und Erwerbsunfähigkeit ist nicht nur bei der Absicherung über die gesetzliche Rentenversicherung von Bedeutung, auch die privaten Versicherungen unterscheiden bei einigen Personen zwischen diesen beiden Formen. So werden z. B. von den meisten Anbietern für Studentinnen, Hausfrauen, Künstlerinnen nur Erwerbsunfähigkeitsrenten akzeptiert.

Wenn Sie als Angestellte berufstätig sind, bauen Sie sich in der gesetzlichen Rentenversicherung einen Schutz bei Berufs- und Erwerbsunfähigkeit auf. Dieser Schutz wird selten reichen, und es ist sinnvoll, ihn durch eine private Berufsunfähigkeitsrente zu ergänzen.

Auch Selbständige können sich, wenn sie die gesetzlichen Voraussetzungen erfüllen, mit freiwilligen Beiträgen den Schutz auf Berufs- und Erwerbsunfähigkeit erhalten. Ohne Ausnahme ist bei Selbständigkeit eine zusätzliche Absicherung erforderlich, weil sinnvollerweise nur die Mindestbeiträge in die gesetzliche Rentenversicherung eingezahlt werden sollten. Dieser Beitrag wird aber nicht aufgebracht, um die gesetzliche Rente zu erhöhen – das lohnt sich nicht –, sondern nur, um den Anspruch auf Berufs- oder Erwerbsunfähigkeitsrente nicht zu verlieren.

Als Nichtberufstätige hätten sie kein eigenes Einkommen und somit eigentlich auch keinen Grund, diesen Schutz anzustreben, meinen viele. Das kann allerdings auch anders gesehen werden. Auch als Hausfrau ist Ihre Arbeitskraft die Basis für die Familienarbeit. Wenn Sie die Arbeit nicht mehr leisten können, muß es jemand anderes tun, und das kostet Geld. Doch: Nach wie vor ist der Beruf der Hausfrau kein offizieller

Berufsstand. Deshalb ist es auch schwer, hier einen Schutz zu erhalten.

1. Private Berufsunfähigkeitsrente für Hausfrauen.
Von einigen Versicherungsunternehmen wird die Berufsunfähigkeitsrente für Hausfrauen nicht angeboten, wenn man neu einsteigen möchte. Ist die Frau aber schon aus der Zeit ihrer Erwerbstätigkeit versichert, bleibt sie das auch während der Familienphase. Einige Anbieter versichern auch die Hausfrauen, bieten aber nicht den erforderlichen und umfassenden Schutz bei Berufsunfähigkeit, sondern zahlen nur bei Erwerbsunfähigkeit. Die Höhe der Absicherung ist bei den meisten Versicherungsunternehmen auf maximal 1000 Mark Rente im Monat begrenzt.

Die Bedingungen für Hausfrauen sind von Unternehmen zu Unternehmen verschieden. Es ist darum Vorsicht geboten.

Nehmen wir also an, Sie befänden sich gerade in einer Familienphase und schlössen beim Unternehmen A oder B eine Berufsunfähigkeitsrente ab. Wann würden diese zum Tragen kommen?

Unternehmen A: Sie erhalten nur eine Rente, wenn Sie erwerbsunfähig sind, das heißt, überhaupt keinen Beruf mehr ausüben können.
Beispiel: Sie können Ihren Beruf, den einer Hausfrau, nicht mehr ohne fremde Hilfe ausüben, weil Sie Rheuma haben. Bei dem Unternehmen A würden Sie, obwohl Sie nur noch zur Hälfte tätig sein können, nicht mit einer Rente rechnen. Doch plötzlich wird der Beruf der Hausfrau so hoch bewertet wie nie zuvor – er betrifft eben so viele Tätigkeitsbereiche, so daß immer noch genügend

Verweisungsmöglichkeiten bleiben. Verweisung heißt, wenn es einen Beruf gibt, der Ihren Kenntnissen, Fähigkeiten und Ihrer Ausbildung entspricht, kann die Versicherung, statt zu zahlen, verlangen, daß Sie dieser Tätigkeit nachgehen. Dabei spielt es keine Rolle, wie die Arbeitsmarktsituation aussieht. Die Rente würde also nur gezahlt werden, wenn Sie keinen Beruf ausüben könnten. Dieser Schutz käme also nur bei Erwerbsunfähigkeit zum Tragen.

Beim *Unternehmen B* sähe die Sachlage besser aus. Da wird nicht der Hausfrauenberuf zugrunde gelegt, sondern der Beruf, den Sie in den Jahren davor ausgeübt haben.

Beispiel: Sie waren vor der Familienphase als Buchhalterin tätig. Während der Erziehungszeit Ihres Kindes bekommen Sie ein schweres Rückenleiden und reichen den Antrag auf Berufsunfähigkeitsrente beim Unternehmen B ein. Auch dieses wird nicht ohne weiteres zahlen. Denn: Es wird zwar der Beruf der Buchhalterin zugrunde gelegt, aber geprüft, ob Sie in einem anderen Beruf, der vom Status und Ihrer Ausbildung und Ihrem Können vergleichbar wäre, tätig sein könnten. Steht fest, daß Sie aufgrund Ihrer Erkrankung auch in diesen Berufen nicht voll arbeiten könnten, erhalten Sie die Berufsunfähigkeitsrente.

Bevor Sie also als Hausfrau für eine Berufsunfähigkeit Beiträge bezahlen, sollten Sie unbedingt erfragen, wann und unter welchen Bedingungen eine Leistung erfolgt.

② *Gesetzliche Absicherung für die Hausfrau.*
Wenn Sie anschließend an Ihre Hausfrauentätigkeit als Angestellte wieder in das Berufsleben einsteigen, haben

Sie je nach der Vorversicherungzeit bei der gesetzlichen Rentenversicherung (Auskünfte erteilt die BfA/LVA) spätestens nach 60 Monaten wieder Anspruch auf eine Berufs- oder Erwerbsunfähigkeitsrente. Ganz anders sieht es aus, wenn Sie nicht wieder berufstätig werden oder nicht auf Lohnsteuerkarte arbeiten. Für Sie käme dann die folgende gesetzliche Regelung zum Tragen.

Im Jahr 1984 trat ein Gesetzentwurf in Kraft, der vor allem den jungen Frauen den Weg verbaute, sich als Selbständige oder als Hausfrau mit freiwilligen Beiträgen den Anspruch auf Berufs- oder Erwerbsunfähigkeitsrente zu erhalten.

Der Inhalt des Gesetzes sieht vor, daß nur noch die Frauen, die am 1.1.1984 bereits 60 Monate Beiträge in die gesetzliche Rentenversicherung eingezahlt und von da an keinen Monat Lücke in ihrem Rentenverlauf haben, sich mit freiwilligen Beiträgen den Anspruch erhalten können.

Was bedeutet das in der Praxis?

Erstens: Wer Ende 1983 noch keine 60 Monate eingezahlt hatte, kann nur als Angestellte oder Arbeiterin den Anspruch erhalten. Frauen, die Kinder erziehen, haben Zeit, wieder ins Berufsleben einzusteigen, bis das jüngste Kind zehn Jahre alt ist. Bleibt die Frau dann weiterhin Hausfrau, nimmt sie eine nicht sozialversicherungspflichtige Beschäftigung an (1996 bis 590 Mark Verdienst im Monat) oder macht sie sich selbständig, geht der Anspruch auf Berufs- oder Erwerbsunfähigkeitsrente verloren.

Zweitens: Hat die Frau die Bedingungen erfüllt – d. h. Ende 1983 waren bereits 60 Monatsbeiträge auf ihrem Rentenkonto und bis heute ist keine Lücke entstanden, denn das jüngste Kind ist noch nicht zehn Jahre alt –, so darf sie nicht versäumen, freiwillige Mindestbeiträge ab dem zehnten Geburtstag des Kindes einzuzahlen.

Auch als Hausfrau sollten Sie überlegen, ob es Sinn hat, sich den Anspruch zu erhalten, denn bei der gesetzlichen Berufs- und Erwerbsunfähigkeitsrente zählt für die Bewertung immer der zuletzt überwiegend als Angestellte ausgeübte Beruf.

Der Fachausschuß »Sozialversicherungsrecht und Sozialversicherungspolitik« des Bayerischen Landesfrauenausschusses hat zu diesem Thema eine Expertin befragt. Sie hat dem Fachausschuß die Fakten geliefert und die Bedingungen untersucht, unter denen der Schutz bei Berufsunfähigkeit oder Erwerbsunfähigkeit erworben oder erhalten werden kann.

Unter der Überschrift »Tips für Hausfrauen« wurde ein Papier erarbeitet, das die Möglichkeiten für Hausfrauen aufzeigt, Schutz bei Berufs- oder Erwerbsunfähigkeit in der gesetzlichen Rentenversicherung zu erhalten. Verschiedene wichtige Begriffe tauchen darin immer wieder auf. Hier die Erklärung:

a) Erfüllung der Wartezeit: Um überhaupt Anspruch zu haben, ist es erforderlich, daß 60 Monate Beiträge in die gesetzliche Rentenversicherung eingezahlt wurden.

b) Beitragsfreie Zeiten: Das sind Zeiten, in denen zwar kein Beitrag eingezahlt wurde, aber die trotzdem angerechnet werden. Hierzu gehören:

– Schule, Fachschule, Hochschule (maximal sieben Jahre),

– Krankheit vor 1984,

– Arbeitslosigkeit ohne Leistungsbezug, wenn eine ver-

sicherungspflichtige Beschäftigung unterbrochen
wurde.

c) Berücksichtigungszeiten: Damit ist die Kindererzie-
hungszeit gemeint, bis das jüngste Kind zehn 10 Jahre
alt geworden ist.

d) Erwerbsunfähigkeit (EU): Die Erwerbstätigkeit
kann in keinem Beruf mehr ausgeübt werden oder
nur noch bis zu zwei Stunden täglich.

e) Berufsunfähigkeit (BU): Der zuletzt ausgeübte Beruf
oder eine gleichwertige Tätigkeit, für die ebenfalls die
Qualifikation vorhanden ist, kann nur noch bis zur
Hälfte ausgeübt werden.

**Und so können sich Frauen, die sich nicht in einem ver-
sicherungspflichtigen Arbeitsverhältnis befinden, den
Anspruch auf EU oder BU neu erwerben oder wieder
erwerben. Folgendes ist dabei zu beachten:**

① Wird das jüngste Kind zehn Jahre alt, sollten Sie sich
sofort arbeitslos oder arbeitsuchend melden (bei BU
und EU).

② Wenn Ende 1993 bereits 60 Monate eingezahlt wurden und bis zum Eintritt der EU/BU keine Lücke im
Rentenverlauf vorhanden ist, müssen Sie nahtlos freiwillige Mindestbeiträge einzahlen.

③ Wenn die Wartezeit nicht erfüllt wurde, besteht für
Sie dennoch Anspruch auf EU, falls die Ausbil-
dungszeit beziehungsweise Schulzeit noch nicht länger als sechs Jahre zurückliegt und in den letzten zwei
Jahren 60 Monatsbeiträge eingezahlt wurden. Es ist
dabei nicht wichtig, ob die Ausbildung abgeschlossen
wurde.

④ Ist die Wartezeit erfüllt, war aber eine lange Berufspause dazwischen, entsteht mit dem Beginn einer Ausbildung wieder ein Anspruch auf EU oder BU.

⑤ Sie haben die allgemeine Wartezeit nicht erfüllt, etwa weil Sie von Geburt an behindert waren. Nach 20 Jahren Beitragszeit (freiwillige Beiträge) ist es dennoch in diesem Fall möglich, eine EU-Rente zu erhalten.

⑥ Sind bei Ihnen 35 Versicherungsjahre – auch allein durch Berücksichtigungszeiten – erreicht, besteht ein EU-Anspruch ab dem sechzigsten Lebensjahr.

⑦ Bei Arbeitsunfall besteht der EU/BU-Schutz ab dem ersten Tag.

Wenn Anspruch auf BU/EU-Rente vorübergehend nicht besteht, weil die Wartezeit zwar erfüllt wurde, aber dennoch eine Lücke entstanden ist, da es zum Beispiel versäumt wurde, freiwillige Beiträge zu zahlen oder sich arbeitssuchend zu melden, entsteht ein neuer Anspruch erst wieder, wenn 36 Pflichtbeiträge eingezahlt wurden. Und dies ist nur möglich, wenn ein versicherungspflichtiges Arbeitsverhältnis eingegangen wird.

Sie sehen, die Situation ist nicht einfach einzuschätzen, und so rate ich Ihnen, sich in jedem Fall persönlich beraten zu lassen.

Da gibt es mehrere Möglichkeiten. Sie wenden sich:

① an die Rentenversicherung direkt oder

② an eine der »Versichertenältesten«, die als ehrenamtliche Mitarbeiterinnen der BfA tätig sind. Sie sind im Gegensatz zu den bei der BfA hauptamtlich Beschäftigten flexibler bei der Terminvergabe und können kurzfristiger Auskünfte erteilen. Die Beratung ist

kostenlos. Entsprechende Adressen erfahren Sie bei
der BfA

③ an eine Rentenberaterin oder einen Rentenberater.
Das sind zugelassene Experten, die unabhängig und
gegen Honorar beraten.

Haftpflichtversicherung

Die Haftpflichtversicherungen gehören zu den Versicherungen, die aus meiner Sicht unbedingt erforderlich
sind. Eine kleine Unachtsamkeit kann somit schnell zu
einem Schaden führen, der Millionen kostet. Denn die
Ansprüche aus einem Schaden, der jemand anderem zugefügt wurde, verjähren nie. Auch wenn zum Zeitpunkt
des Schadens kein Geld vorhanden war, um diesen begleichen zu können, bleibt der Anspruch lebenslang bestehen und das geht bis zur Gehaltspfändung. In den
meisten Fällen ist eine Police vorhanden, die für alle Familienmitglieder gilt. Mann und Frau sind dort versichert und auch die Kinder, bis sie die erste Ausbildung,
das erste Studium beendet haben. Dieser Vertrag ist ein
Familienvertrag, bei dem die Familienmitglieder kostenlos mitversichert sind.

Die Haftpflichtversicherung springt ein, wenn ein
Familienmitglied einer anderen Person aus Unachtsamkeit einen Schaden zugefügt hat. Bei Kindern unter
sieben Jahren zahlt sie den Schaden, wenn die Aufsichtspflicht verletzt wurde. Das heißt, falls die Mutter
oder der Vater nicht sorgfältig genug aufgepaßt haben.
Wurde die Aufsichtspflicht *nicht* verletzt, so wird nichts
von der Versicherung übernommen, denn niemand
kann ein Kind unter sieben Jahren haftbar machen.

Auch bei einer Trennung und bis die Scheidung rechtskräftig ist, bleibt der Schutz für alle Familienmitglieder bestehen. Sie könnten also das Thema Haftpflichtversicherung erst einmal vergessen, wenn ein Familienvertrag vorhanden ist, der auf den Ehemann oder Partner ausgestellt ist. Ich rate aber, gerade in diesem Bereich sehr vorsichtig zu sein, wenn der Vertrag nicht auf Ihren Namen läuft.

Der Vertragsinhaber – in diesem Falle gehe ich davon aus, daß dies der Mann ist – kann den Vertrag allein kündigen oder auf eine Singlepolice umstellen. Die beitragsfrei mitversicherte Person erfährt davon nichts und hat dann keinen Schutz mehr. Auch besteht die Möglichkeit, daß der Vertragsinhaber eine andere Person, mit der er im selben Haus oder in der selben Wohnung lebt, in den Vertrag aufnimmt. Trifft dies zu, fällt die Ehefrau raus, ohne daß sie es überhaupt bemerkt.

Mit einem eigenen Haftpflichtvertrag sind Sie schon während der Trennungszeit und bis die Scheidung rechtskräftig wird auf der sicheren Seite. Diese Zeit ist in vielen Fällen auch eine Zeit, in der die Kommunikation schwer ist. Denn: Stellen Sie sich einmal vor, Sie oder die Kinder haben einen Schaden verursacht und diesen müssen Sie dann über Ihren Mann abwickeln. Die Versicherung akzeptiert nur ihn als Vertragspartner.

Es gibt auch Versicherungsunternehmen, die bei Trennung und Scheidung, wenn sich die Ehefrau dort selber versichert, sechs Monate lang auf die Prämie verzichten. Wenn Sie sich auf die Absicherung über die Haftpflicht Ihres Mannes verlassen, brauchen Sie aber, sobald die Scheidung rechtskräftig ist, eine eigene Haftpflichtversicherung. Sie können dann einen günstigen Singleschutz erwerben. Und ihre Kinder könnten, unabhängig davon, welcher Elternteil das Sorgerecht hat und wo die Kinder leben, beim Vater versichert bleiben. Dazu rate ich, auch aus den obengenannten Gründen, aber in keinem Fall. Sie sollten die Kinder oder das Kind lieber bei sich versichern, denn sonst müßten Sie jeden Schaden – auch nach der Scheidung – gemeinsam mit dem Vater abwickeln. Das führt regelmäßig zu solchen Vorwürfen wie beispielsweise: »Kannst du nicht dafür sorgen, daß das Kind sich anständig benimmt und nichts anstellt?« Diesen Ärger können Sie sich für einen Mehrbeitrag von 20 Mark im Jahr ersparen.

Kfz-Versicherung

Ein eigenes Auto bedeutet in vielen Fällen ein kleines Stück Freiheit. Wenn Sie während der Ehe ein eigenes Auto hatten und dieses auf Ihren Namen angemeldet war, ändert sich auch bei Trennung und Scheidung nichts. Der Schadensfreiheitsrabatt, den Sie sich erfahren haben, bleibt Ihnen erhalten.

Häufig sieht die Situation aber so aus: das erste Auto ist auf den Mann zugelassen, und das zweite – das die Frau fährt – ist als Zweitwagen ebenfalls auf den Mann angemeldet. Beide Verträge gehören also dem Mann. Jetzt müßte es selbstverständlich sein, daß die Frau den mit dem Zweitwagen erfahrenen Schadensfreiheitsrabatt erhält, wenn das Auto auf ihren Namen überschrieben wird. Das ist aber nicht automatisch so. Der Vertragsinhaber (meist der Mann) muß damit einverstanden sein. Und je höher der Rabatt ausfällt, desto niedriger sind die Beiträge. Da geht es in einigen Fällen um tausend Mark und mehr im Jahr.

Beispiel: Ein Fahrzeug ist in München zugelassen, es ist ein VW Golf, hat 55 kW und einen Schadensfreiheitsrabatt von 40 Prozent. Der Jahresbeitrag für die Kfz-Haftpflicht beträgt zirka 575 Mark. Bei einem Neueinstieg ist mit 125 Prozent Jahresbeitrag für die Kfz-Haftpflicht zu rechnen. Das sind zirka 1795 Mark.

Da der Mann keinen persönlichen Nutzen davon hat, wenn der Rabatt bei ihm bleibt (es sei denn, es gibt da eine andere Person, die diesen Rabatt erhalten soll), wird er in vielen Fällen bereit sein, einer Übertragung zuzustimmen.

Immer mehr Gesellschaften weigern sich aber, eine Rabattübertragung vorzunehmen. Die meisten machen allerdings eine Ausnahme bei Eheleuten. Wenn also die Frau das Fahrzeug in der Ehezeit gefahren hat, kann ihr der Schadensfreiheitsrabatt in der Höhe, den sie sich selber hätte erfahren können, wenn das Auto die ganze Zeit auf sie zugelassen gewesen wäre, übertragen werden.

Also, Sie müssen klären, wie viele Jahre fahren Sie bereits Auto? Welche Schadensfreiheitsklasse hätten Sie sich in dieser Zeit erfahren können (vgl. Abb. 28)?

Dauer des schadenfreien und ununterbrochenen Verlaufs	Schadenfreiheitsklasse (SF)	Beitragssätze in %	
		KH ❶	FV ❷
20 und mehr Kalenderjahre	SF 20	30	30
19 Kalenderjahre	SF 19	30	30
18 Kalenderjahre	SF 18	30	30
17 Kalenderjahre	SF 17	30	30
16 Kalenderjahre	SF 16	35	35
15 Kalenderjahre	SF 15	35	35
14 Kalenderjahre	SF 14	35	35
13 Kalenderjahre	SF 13	35	40
12 Kalenderjahre	SF 12	40	40
11 Kalenderjahre	SF 11	40	45
10 Kalenderjahre	SF 10	40	45
9 Kalenderjahre	SF 9	45	45
8 Kalenderjahre	SF 8	45	50
7 Kalenderjahre	SF 7	50	55
6 Kalenderjahre	SF 6	55	60
5 Kalenderjahre	SF 5	60	65
4 Kalenderjahre	SF 4	65	70
3 Kalenderjahre	SF 3	70	80
2 Kalenderjahre	SF 2	85	90
1 Kalenderjahr	SF 1	100	100
		125	115

❶ Kfz-Haftpflicht
❷ Vollkasko

Quelle: Bedingungen VHV

Abbildung 28: Beitragssätze der Kfz-Versicherungen

Es ist sinnvoll, sich sofort nach der Trennung um dieses Thema zu kümmern. Der Mann als Vertragsinhaber muß da nämlich aktiv werden.

Findet keine Rabattübertragung statt, fangen Sie wie-

der mit 125 Prozent an oder, wenn Sie noch keine drei
Jahre einen Führerschein haben, sogar mit 265 Prozent.
Es gibt aber auch frauenfreundliche Versicherungen,
die Sie auch dann in die Schadensklasse mit 125 Prozent
aufnehmen.

Hausratversicherung

Verläßt bei einer Trennung oder Scheidung ein Partner
die gemeinsame Wohnung, nimmt nur die persönlichen
Sachen und vielleicht auch ein paar Möbel mit, sind diese
abtransportierten Gegenstände versichert, wenn die
Hausratpolice auf diese Person ausgestellt ist. In den
meisten Fällen wird es der Mann sein, der auszieht und
auf dessen Namen der Vertrag läuft. Die Frau wohnt
dann weiterhin in der ehemalig gemeinsamen Wohnung,
und die meisten Möbel bleiben auch dort. Diese sind
dann nicht versichert! Die Hausratpolice ist nämlich
nicht an den versicherten Hausrat gebunden, sondern an
den Versicherungsnehmer. Dieser ist in der neuen Wohnung stets automatisch versichert. Zwar wird die Summe
wahrscheinlich zu diesem Zeitpunkt zu hoch sein, aber
sie kann ja reduziert werden. Für den zurückgebliebenen
Hausrat besteht also kein Versicherungsschutz – weder
bei Einbruch/Diebstahl/Vandalismus noch bei Leitungswasser, Sturm-/Hagel- und Brandschäden.
Wenige Unternehmen offerieren eine Übergangslö-
sung, bei der auch noch die Ehefrau bei Auszug des
Mannes kostenlos versichert bleibt. Jedoch längstens bis
zum Ablauf von drei Monaten nach der nächsten auf
den Auszug des Versicherungsnehmers folgenden Prä-
mienfälligkeit gilt dieser Schutz.

Häufig bietet der Mann der Frau die Police an und rät
ihr, den Vertrag auf sich zu überschreiben. Dies ist aber
nur sinnvoll, wenn es sich um einen Vertrag mit günstigen Prämien und sinnvollem Schutz handelt.
In München kostet eine günstige Hausratversicherung
pro 1000 Mark Versicherungssumme im Jahr je nach
Unternehmen zwischen 1,60 Mark und 2,60 Mark. Für
Wertsachen sind dann 20 bis 25 Prozent vorgesehen.
In jedem Fall sollte die Frau auf die Laufzeit des Vertrages achten, damit sie später keinen Vertrag mit lan-
ger Laufzeit, den sie dann nicht mehr kündigen kann,
am Hals hat. In den meisten Fällen ist es ratsam, einen
neuen Vertrag mit einjähriger Laufzeit zu den neuesten
Bedingungen und mit günstigen Beiträgen abzuschließen.
Vorher sollte sich die Frau aber die Frage stellen: »Ist
es mein Hausrat wert, versichert zu werden?« – Wenn
die Antwort ja lautet, sollte sie sich die Mühe machen
den Hausrat realistisch schätzen. Das heißt, sie muß sich
die Frage stellen: »Was würde es kosten, wenn ich alles
neu anschaffen müßte?« (Aufpassen: Zum Hausrat
gehören auch die Dinge, die in den Schränken hängen
und liegen, die werden häufig bei der Bestandsaufnahme vergessen.) Erscheint diese Bestandsaufnahme
zu mühsam, so kann auch eine Standardregel verwendet werden:

- einfacher Hausrat: pro Quadratmeter sind 1200
  Mark,
- wertvoller Hausrat: pro Quadratmeter sind 1500
  Mark anzusetzen.

Wenden Sie diese Formel an, so verzichtet die Versicherung im Schadenfall darauf zu prüfen, ob eine Unterversicherung vorliegt.

Natürlich: Wertsachen können Sie nie ganz mit einer Formel schätzen, denn da geht es ja meist um ganz individuelle und sehr persönliche Werte. Dennoch sollten Sie sich fragen, wieviel Prozent der gesamten Hausratsumme Ihre Wertsachen ausmachen? Als Wertsachen gelten:

Wertsachen	Bargeld bis 2000 DM Urkunden einschl. Sparbücher und sonstige Wertpapiere bis 5000 DM Schmucksachen, Edelsteine, Perlen, Briefmarken, Münzen, Medaillen sowie Sachen aus Gold oder Platin bis 40 000 DM Darüber hinaus Pelze, handgeknüpfte Teppiche, Gobelins, Kunstgegenstände (z. B. Collagen, Graphiken, Zeichnungen und Plastiken) sowie Sachen aus Silber und sonstige Dinge, die über 100 Jahre alt sind (Antiquitäten), jedoch ohne Möbel. Entschädigungsgrenze für Wertsachen insgesamt: 25 % der Versicherungssumme

Quelle: telecom-Bedingungen

Abbildung 29: Was sind Wertsachen?

Fahrräder müssen separat versichert werden. Auch da sollte geprüft werden, ob ein Diebstahl finanziell verkraftet werden könnte oder ob ein Versicherungsschutz erforderlich ist.

Die Glasversicherung ist ebenfalls eine Versicherung für sich, und in vielen Fällen ist es günstiger, eine kaputte Scheibe selber zu bezahlen, als ständig Prämien an die Versicherung überweisen zu müssen. Anders sieht es bei Eigentumswohnungen und Häusern aus, die viele große Scheiben haben. Da zahlt kein Hausbesitzer, wenn diese von außen, z. B. durch Hagel, zerstört werden. Hagelschäden sind bei den meisten Hausratversicherungen im Zusammenhang mit Sturm mitversichert.

Obwohl viele Gegenstände wieder beschafft werden können und keine Ansprüche an Sie gestellt werden, wenn Ihr Hausrat von einem Schaden durch Feuer, Einbruch/Diebstahl, Leitungswasser/Sturm/Hagel betroffen ist, wird diese Versicherung ein wichtiger Schutz für Sie sein. Es sei denn, Sie sind in der Lage, aus eigenen Mitteln den erforderlichen Hausrat neu zu beschaffen.

Rechtsschutzversicherung

Rechtsstreitigkeiten nehmen immer mehr zu. Da geht es um Auseinandersetzungen mit Arbeitgebern, Nachbarn, Vermietern, Verkehrsteilnehmern und auch Ärzten. Daher ist es nicht verwunderlich, daß Rechtsschutzversicherungen immer beliebter werden.

Ehefrauen und nichterwachsene Kinder sind beitragsfrei in der Rechtsschutzversicherung des Mannes mitversichert.

Im Rahmen einer Trennung und Scheidung spielt die Rechtsschutzversicherung für die Ehefrau allerdings keine Rolle, auch wenn ein Beratungsgespräch laut Vertrag von der Rechtsschutzversicherung übernommen wird.

Dieses eine Beratungsgespräch nimmt in den meisten Fällen der Mann wahr. Er kann sich weigern, daß das Recht auf ein kostenfreies Beratungsgespräch im Zusammenhang mit einer bevorstehenden Scheidung von seiner mitversicherten Ehefrau in Anspruch genommen wird. In den überwiegenden Fällen gibt er seine Einstimmung nicht. Das bedeutet, daß nicht beide Partner gleichberechtigt versichert sind. Viele Gesellschaften zahlen bei Paaren, die untereinander streiten, nur für das Beratungsgespräch des Vertragsinhabers und in keinem Fall für das mit der Frau – auch wenn der Mann damit einverstanden ist.

So kann gesagt werden, daß alle Familienstreitigkeiten, und auch Unterhaltsdinge, nicht versichert sind und das Recht auf ein einziges Beratungsgespräch somit vernachlässigt werden kann.

Auch wenn Sie eine eigene Rechtschutzversicherung haben, tritt diese im Rahmen des Familien- und Erbrechts nicht ein. Aber gerade im Bereich der Rechtsschutzversicherung kommt es immer wieder zu Überraschungen und Enttäuschungen, da viele Rechtsstreitigkeiten nicht versichert sind. Was ist nun versichert und was nicht?

Wofür Rechtsschutzversicherer beispielsweise ...

Verkehrsrecht

	...zahlen		...nicht zahlen	
Versichert ist der Kunde als Eigentümer des Autos und Fahrer, außerdem alle Benutzer und Mitfahrer der auf den Versicherungsneh-,er zugelassenen und der Versicherung gemeldeten Fahrzeuge. Auch als Radfahrer und Fußgänger gilt der Versicherungsschutz.	**Straf- und Bußgeldsachen:** Etwa Strafverfahren wegen Trunkenheit am Steuer oder Geschwindigkeitsüberschreitungen. **Schadenersatz:** Die gegnerische haftpflichtversicherung erkennt auf ein	Mitverschulden des Geschädigten und zahlt nicht den ganzen Schaden. Streit um Schmerzensgeld oder andere verletzungsbedingte Unfallfolgen. **Vertragsrecht:** Der Neuwagen strotzt vor Macken.	**Fremde Fahrzeuge:** Der Kunde leiht sich das Auto eines Kollegen, es kommt zu einem Unfall. Ein Streit um Knöllchen wegen falschen Parkens oder Verkehrsbehinderung. **Vorsatztaten:** Der Kunde setzt sich in	Kenntnis seines hohen Alkoholpegels nach einem Kneipenbummel hinters Steuer. Oder ein Autofahrer versucht auf der Autobahn seinen Vordermann durch dichtes Auffahren und per Lichthupe abzudrängen.

Privat und Beruf

	...zahlen		...nicht zahlen	
Hierbei ist nicht nur der Kunde versichert, sondern auch seine Ehefrau und seine minderjährigen Kinder bis zur Vollendung des 25. Lebensjahres (solange sie sich noch in der Ausbildung befinden). Auf Antrag wird auch der nichteheliche Lebenspartner in die Rechtsschutzversicherung mit aufgenommen.	**Vertragsverletzungen:** Teure Skulptur entpuppt sich als Fälschung. Die Berufsunfähigkeitsversicherung zahlt die vereinbarte Rente nicht. **Schadenersatz** ärztliche Kunstfehler. Kinder verletzen sich auf ungesicherter Baustelle. **Arbeitsrecht:** Der Arbeitgeber schickt eine Abmahnung oder Kündigung.	**Familien- und Erbrecht:** generelle Beratung über Vermögensfragen nach Heirat und Erbschaft. **Sozialrecht:** gerichtliche Auseinandersetzungen mit der gesetzlichen Kranken- oder Rentenversicherung. **Steuerrecht:** Anerkennung eines Arbeitszimmers wird vor Gericht eingeklagt.	**Abwehr von Regreßforderungen:** Der Filius verprügelt einen Mitschüler. Der Nachbar zettelt eine Klage wegen Rufschädigung an. **Verwaltungsrecht:** Bafög-Antrag wird abgelehnt. Fluglärm durch neue Einflugschneise. **Verfassungsrecht:** Kruzifix-Urteil, Paragraph 10e-Urteil. **Arbeitsrecht:** Verhandlung über Ab-	findungen. Beratung zu neuem Arbeitsvertrag. **Familien- und Erbrecht:** alle rechtlichen Streitigkeiten innerhalb der Familie und zwischen Erben. **Steuer- und Sozialrecht:** außergerichtliche Verfahren und allgemeine Beratungen, etwa in Rentenfragen oder bei Widersprüchen gegen den Steuerbescheid.

Grundstücks- und Mietrecht

	...zahlen		...nicht zahlen	
Versichert sind Immobilienbesitzer, Mieter und Vermieter. Auch Wohnungseigentümer, deren Angelegenheiten nach dem Wohnungseigentumsgesetz geregelt werden.	**Mietstreit:** Nach dem Auszug gibt es Ärger um Renovierungs- oder Nebenkosten. Der Mieter ist mit der Miete im Rückstand. Oder der Vermieter macht Eigenbedarf geltend.	**Nachbarschaftsquerelen:** etwa ständiger Lärm in der Nachbarwohnung. **Eigentümerstreit:** Ein Beschluß der Eigentümerversammlung wird angefochten.	**Baumaßnahmen:** Eine Baugenehmigung wird verwehrt, das Amt macht Auflagen. Oder handwerker pfuschen, Kostenvoranschläge werden nicht eingehalten, der Bau verzögert sich.	**Finanzierungen** von Grundstücken und Immobilien. Die Kommune strengt ein neues Planfeststellungs- oder Flurbereinigungsverfahren an, etwa um die Straße zu verbreitern.

Quelle: Capital 11/95

Abbildung 30: Was leistet die Rechtsschutzversicherung

Wenn Sie der Meinung sind, daß eine Rechtsschutzversicherung für Sie wichtig ist, so sollten Sie mit der Absicherung im Bereich Kfz-Versicherung (wenn Sie Auto fahren) und Mietrechtsschutz (wenn Sie in einer Mietwohnung leben) beginnen. Falls noch genügend Mittel für Versicherungen zur Verfügung stehen, können Sie dann noch das gesamte Paket einer Single- oder

Familienrechtsschutzversicherung abschließen (vgl. Abb. 30).

Fragen Sie sich vor dem Abschluß also immer: »Was erwarte ich von diesem Schutz?« Sodann sollten Sie prüfen, ob diese Erwartungen von der Versicherung auch tatsächlich im Falle eines Falles erfüllt würden.

Schlußwort

Das Sprichwort »Scheiden bringt Leiden« sollte eigentlich ergänzt werden um den Satz »Ein Neuanfang bringt auch Freuden«. Und diesen Neuanfang müssen Sie nicht allein bewältigen. Ihnen stehen viele Mitstreiterinnen und Verbündete zur Seite: die Anwältin, die Sie durch die Scheidung begleitet, die Steuerberaterin, die Ihnen aufgrund der neuen Situation die Steuersachen abnimmt, und einige andere mehr. Sie können sich einer Selbsthilfegruppe anschließen und dort Ihre Erfahrungen mit Hilfe anderer Betroffener verarbeiten. Sie können sich in ein Frauennetzwerk einbringen und dort Unterstützung für einen neuen Start, z. B. in den Beruf, erhalten.

Aus eigener Erfahrung weiß ich, wie gut es tut und wieviel Freude es macht, wenn sich die ersten persönlichen Erfolge einstellen. Erfolge, die nur noch etwas mit einem selbst zu tun haben. Es kostet viel Kraft, dahin zu gelangen, aber diese kommt unterm Strich einem selber zugute, und der Spaß beginnt.

Jede Veränderung einer Lebenssituation macht es erforderlich, die vorhandenen Versicherungen zu überprüfen und zu überlegen, welche man braucht. In der Trennungs- oder Scheidungsphase geht es vorrangig um Ihre eigene Absicherung. Stellen Sie jetzt Ihre eigene

Person in den Mittelpunkt des Geschehens, auch wenn
das für Sie ungewohnt ist. In diesem Zusammenhang
werden auch die Fragen »Wie kann ich mich selber am
günstigsten absichern? Wie lege ich mein Geld so an,
daß es zu meiner persönlichen Lebenssituation paßt?«
hochaktuell.

In dieser Situation sollten Sie auch immer Hilfe von
Fachleuten holen, z. B. von Finanzdienstleisterinnen.
Denn es gibt Frauen, die sich seit Jahren auf die Beratung von Frauen spezialisiert haben und an keine Versicherung und an keine Bank gebunden sind. Entsprechende Adressen finden Sie im Anhang.

In dieses Buch habe ich meinen ganzen Erfahrungs-
schatz der letzten zehn Jahre eingebracht. Ich hoffe, daß
es mir gelungen ist, Ihnen Mut zu machen, sich mit dem
Thema »Versicherungen« auseinanderzusetzen. Alle
Informationen von mir und die Hinweise anderer Fach-
frauen sollen Sie dabei unterstützen.

Danksagung

Ich danke an dieser Stelle:

- der Rechtsanwältin Elke Kästle, die mich motiviert hat, dieses Buch zu schreiben;
- der Rechtsanwältin Sigrid Koppenhöfer, die geprüft hat, ob aus rechtlicher Sicht alle Ausführungen korrekt sind;
- der Rechtsanwältin Angelika Garbrecht, die mir das Muster für den Trennungsvertrag zur Verfügung gestellt hat;
- Heide Härtel-Herrmann, einer Arbeitskreispartnerin, die immer gesprächsbereit war und mir viele Anregungen gegeben hat;
- meinen Mitarbeiterinnen Isolde Beier und Maria Rohr, die unermüdlich Korrektur gelesen haben;
- den Frauen des Fachausschusses »Sozialversicherungsrecht/Sozialversicherungspolitik«
  Besonders meiner Stellvertreterin Marianne Blaha sowie Brigitta Pakmor, deren Protokolle immer so perfekt sind, daß ich sie für mein Buch übernehmen konnte
- und nicht zuletzt meinem Mann, Ulrich Kuschel, der mich bestärkt hat, dieses Thema in einem Buch aufzugreifen.

Anhang

Wichtige Adressen

Zum »Arbeitskreis Versicherungs- und Finanzexpertinnen für Frauen bundesweit« gehören:

	Telefon	Fax
● *Fair Ladies* *Gerda Plate* *& Inge Schaßberger* Anklamer Str. 38–40 10115 **Berlin**	030/448 48 83	448 4877
● *Bärbel Hartz* Versicherungskontor Langenstr. 68 28195 **Bremen**	0421/30 27 27	18 091
● *Heide Härtel-Herrmann* FrauenFinanzdienst Gereonshof 36 50670 **Köln**	0221/91 28 07–0	91 28 07–90
● *Bettina Kempf* Versicherungen von Frauen für Frauen Alte Heerstr. 47 56076 **Koblenz**	0261/97 305 31	97 305 33

● *Gudrun Kielmann*
in Zusammenarbeit mit
Versicherungs- und Finanzkontor, Bremen
Bödeker Str. 96
30161 **Hannover**   0511/62 11 56   62 28 70

● *Svea Kuschel*
Versicherungs- und
Finanzdienstleistungen für
Frauen GmbH
Schornstr. 8
81669 **München**   089/448 57 46   48 29 01

● *Helma Sick*
Finanzdienstleistungen
für Frauen
Kaulbachstr. 41
80539 **München**   089/28 57 60   280 24 55

● *Dr. Mechthild Upgang*
Finanzdienstleistungen
GmbH
Weberstr. 92
53113 **Bonn**   0228/21 30 31   21 36 75

● *Marion Weichert*
Finanz- und
Versicherungsexpertinnen
Esplanade 6
20354 **Hamburg**   040/34 34 84   34 00 17

● *Anne Wulf*
das Finanzkontor GmbH
Langenstr. 68
28195 **Bremen**   0421/30 27 13   18 091

Literaturverzeichnis

Literatur zum Thema Trennung und Scheidung sowie
Versicherungen:

- Scheidungsratgeber von Frauen für Frauen.
  Reinbek bei Hamburg 1994
- Gerti Samel, Lorelies Schreiner, Sylvia Schneider:
  Mit Lust und Tücke.
  Der Scheidungsratgeber für Frauen.
  Hamburg 1995
- Svea Kuschel:
  Frauen leben länger – aber wovon?
  Was Frauen über Versicherungen wissen sollten
  Düsseldorf 1996

Sachregister